植西 聰

心の免疫力

人生を「平気で生きる」コツ

笠間書院

はじめに

人間は「免疫」という力を持っています。

そのおかげで、たとえば、体にウイルスなどが入ってきても、免疫力が働いて重い病気になるのを防いでいます。

また、人間の体内では一日の生活の中で多数のガン細胞ができているといわれていますが、やはり免疫力の働きによって実際にガンを発症せずに済んでいます。

これは人の「体」が持っている免疫力の働きですが、一方で、「心」も同じような免疫力を持っているように思います。

人の心の中では、一日の生活の中で多くのネガティブな感情が発生します。

そのようなネガティブな感情を放置しておけば、そのうちに「元気に生きていく意欲」がどんどん奪われていく結果になります。

しかし、一方で、「心の免疫力」が働いて、「落ち込み」や「苦しみ」や「悲しみ」といったネガティブ感情を消し去っていくこともできるのです。

ただし、人によって、この「心の免疫力」が強い人もいれば、残念ながら「心の免疫力」が弱まっている人もいるようです。

そして、「心の免疫力」が弱まっている人は、

「落ち込んだまま、立ち直れない」

「ネガティブな感情を、いつまでも引きずってしまう」

ということをよく経験するのです。

もちろん、強い「心の免疫力」を保っている人のほうが、元気に幸せに生きていけます。

そこで本書では、どうすれば強い「心の免疫力」を維持していけるか……ということをわかりやすく解説していきます。

「心の免疫力」を維持する方法は、たくさんあるのです。

俳句の世界で活躍した人物に、正岡子規《まさおかしき》がいます。

彼は、禅の悟りについて、

「悟りという事は如何《いか》なる場合にも平気で生きて居る事」であると述べました。

この言葉にある「如何なる場合にも」とは、言い換えれば、「どんなに苦しい状況に陥っても」という意味を表しています。

子規は若くして重い病気にかかり、そのために寝たきりの状態になりました。まさに苦しい状況に陥ったのですが、それでも彼は「平気で生きる」ことを心がけ、34歳で亡くなるまで素晴らしい俳句の創作を続けました。

なぜ彼が「平気」を貫くことができたかといえば、それは「心の免疫力」が強かったからだと思います。

本書は、「何があっても、平気で生きる」という方法について解説しています。

今、逆境にいる人や悩んでいる人は、この本を読んでいただければ少しの手助けになると確信しています。

植西　聰

目次

第1章

「楽しむ意識」が心の免疫力を育てる　13

第2章

自分の「生きる力」を実感する

第3章

「目的意識」が人を強くする

第4章

「忍耐力」で大きなことを成し遂げる　83

第5章

ネガティブ思考を捨てて、心を澄ませる 105

第6章

「みんなで協力する」という意識を持つ

第7章

ストレス管理が上手い人は困難に強い 155

第8章

「セルフコントロール」が将来を決める 179

第9章

プラスの言葉を使い、マイナスの言葉を手放す　205

参考資料　230

第1章

「楽しむ意識」が心の免疫力を育てる

見つけ出そうと思えば「楽しめること」は必ず見つかる

「楽しむ」という意識を持つことが「心の免疫力」を強めます。

一方で、この「楽しい」とは反対の感情、つまり「辛い」「苦しい」「悩ましい」という感情は、いってみれば心に侵入する「ウイルス」のようなものなのです。

このネガティブな感情は心の内に侵入し、意欲や情熱といったものを奪い去り、そして人の心に絶望感を植え込みます。

このようなネガティブな感情というウイルスに感染しないためにも、普段から「心の免疫力」を強化する必要があります。

そして「心の免疫力」を強化するための良い方法の一つは、何であれ「楽しむ」ということを心がけることなのです。

人にはそれぞれ「与えられた使命」というものがあります。

それは仕事であり、家事であり、子育てであり、あるいは、地域での活動なのです。

そのような使命の一つ一つを「楽しむ」ということを心がけるのです。

また、自分自身が「楽しもう」と決意すれば、どんなことであれ楽しめるのが、人間の偉大さではないかと思います。

辛いと感じられること、嫌いだと思えることの中にも、見つけ出そうと思えば「楽しめること」が見つかります。

物事を楽しむコツとは、言い換えれば、そんな「楽しめること」を見つけようと努力をするところにあるのです。

見つける努力をすれば必ず「楽しめること」は見つかりますし、努力をしなければいつまでも見つかりません。

まずは、この単純な真理を心得ておくことが大切です。

「楽しむ」ための努力を今すぐに始めてみる。

「苦手なこと」も、こんな工夫で楽しむことができるようになる

ある主婦は、以前は、料理が苦手でした。

そのため、毎日料理をすることが苦痛だったといいます。

しかし、彼女は料理を今、大いに楽しんでいます。

そのきっかけになったのは「ブログ」でした。

ブログを開設して、自分の作った料理の写真を、レシピや自分の感想などをつけ加えて掲載するようにしたのです。

また、ブログの中で、「私は料理が苦手で、毎日の料理に悪戦苦闘している」ということも正直に告白したのです。

すると、たくさんの人たちからコメントが寄せられるようになりました。

その中には、「自分も料理が苦手だ」と、彼女に共感を寄せるコメントもあります。

また、「がんばって」と、彼女を励ましてくれるコメントもあったのです。

そして、そんなコメントを読むのが、彼女の日々の楽しみになってきました。

ブログを続けていくことも楽しくなったのです。

すると、だんだんと「料理を作ること自体」が楽しくてしょうがなくなってきたのです。

日々、楽しんで料理を作っているのですから、彼女の料理の腕は自然に上達していきました。

そして今は、すっかり料理が好きになったのです。

この事例の女性のように、たとえ苦手意識があるもの、苦痛に思えるものであっても、ちょっと角度を変えて自分なりに工夫すれば「楽しむ方法」は見つかります。

そして楽しむことができるようになれば、「苦手だ」「苦痛だ」というものへの「心の免疫力」ができてくるのです。


苦痛なことを「楽しいこと」に変えられるのが、人間の知恵。

「心の持ち方」が、その人の人生を地獄にも極楽にもする

人生は「心の持ち方で決まる」といえるのではないでしょうか。

つまり、たとえ同じような人生であっても、その人の「心の持ち方」次第で、その人生は極楽にいるように楽しいものになります。

しかし、一方で「心の持ち方」を間違えると、その人の人生は地獄のように苦しいものになってしまいます。

では、人生を「地獄」にしてしまうような「心の持ち方」とは、どのようなものなのでしょうか。

次のようなことが考えられます。

・「自分の人生を嘆《なげ》かわしく思う心」

・「自分のやっていることに思い悩む心」
・「自分の将来を不安に思う心」
・「不満から腹立たしく思う心」
・「すべてに悲観的になる心」
・「苦労をすることを苦痛に思う心」

このような「ネガティブな心」は、その人の「心の免疫力」を低下させていきます。

その結果、悲観主義に陥り、その人の人生はまさに「地獄」になるのです。

しかし、「心の持ち方」を変えて、自分なりに工夫し試すことで、「ネガティブな心」を「楽しい心」に転換することも可能なのです。

そして、どのようなことにも「楽しい心」を持って対処することができるようになれば、その人の人生はまさに「極楽」に変わります。


「楽しい感情」を見つければ、その人の人生は「極楽」になる。

どのような生活の中にも「楽しみ」は見つかる

金融関係の会社に勤める男性がいます。

彼の悩みは、「転勤が多い」ということでした。

日本中の支店や営業所を2年ほどの間隔で転勤していくのです。

任地へは、いわゆる単身赴任で、家族とは離れ離れになります。

家族と離れて生活していくことも、彼にとっては寂しく辛いことでした。

彼は自分の人生を「地獄のようだ」と感じる時もあったといいます。

しかし、ある時、彼は「自分の人生をいつまでも嘆き悲しんでばかりいてはいけない」と気づきました。

そこで「転勤が多い生活を楽しむ方法は何かないか」ということを考えるようになりま

した。

そこで思いついたことは、次のようなことです。

・赴任地での観光名所を巡る。

・赴任地の美味しい郷土料理を食べる。

・そんな観光名所や郷土料理の写真を撮ってSNSで紹介する。

日本中を転勤して回っているのですから、日本各地の観光名所や郷土料理を経験することができます。

その結果、彼は自分の人生を楽しく感じられるようになりました。

そして、将来は、観光関連の資格を取って、旅行コーディネーターの仕事を始めよう、という夢も持っています。

この事例の男性のように、ものの考え方を変えて、自分なりに「人生を楽しむ方法」を探すことで、「地獄の人生」を「極楽の人生」に変えることができるのです。

「楽しい経験」が、その人に「新たな夢」をもたらしてくれる。

「人生の雨の日の楽しみ方」について、普段から考えておく

大衆文学の作家として活躍した吉川英治《よしかわえいじ》は、

「晴れた日は晴れを愛し、雨の日は雨を愛す」

「楽しみあるところに楽しみ、楽しみなきところに楽しむ」

と述べました。


ポイントは、「楽しみなきところに楽しむ」という部分にあります。

「晴れの日が楽しい」というのは、多くの人が賛同することだと思います。

一方で、「雨の日はつまらない」という人がいます。

発想の転換をして、自分なりに創意工夫すれば、「雨の日を楽しむ」ということはいくらでもできるのです。

雨の日は、ピクニックなどに行っても気分がすぐれません。

そういう意味では「つまらない」のかもしれませんが、雨の日は気持ちが落ち着くものです。

ですから、その落ち着いた気持ちで「読書を楽しむ」ということもできるのです。

人の人生にも、すべてが調子よく進む「晴れの日」があれば、何事も思い通りにならない「雨の日」もあります。

そんな「人生の雨の日」の中にあっても「人生を楽しむ」ことはできます。

そのようにして「雨の日の楽しみ方」について普段からいろいろと考えておけば、「心の免疫力」も高まります。

思い通りにならないことがあっても、そこでむやみにいら立ったり、腹立たしく感じたりしなくても済むのです。


晴れの日も楽しい、雨の日も楽しいと考える。

みずから面白いことを見つけていく人は、心の免疫力が高い

幕末の英雄に、高杉晋作《たかすぎしんさく》がいます。新しい世の中を切り開いていこうという志《こころざし》を持った人物です。

この高杉の言葉に、

「面白きこともなき世をおもしろく　すみなすものはこころなりけり」

というものがあります。

生きていれば「面白くないこと」もたくさんあるでしょう。

ある意味、それが人生の現実なのかもしれません。

しかし、「面白くないことばかりの人生であっても、面白く生きることもできる」と、高杉晋作はこの言葉で指摘しています。

そして、そのように「すみなす（住み成す）」、つまり「面白く生きていく」ために大切なのは、その人の「こころ」だというのです。

大切なのは、「みずから面白いことを見つけていく」という意欲を持つことです。

そして、その「みずから見つけた面白いこと」に積極的に楽しんでいけば、たとえ面白くないことが多い人生であっても、面白く生きていくこともできる、ということなのです。

このような精神がある人は、同時に「心の免疫力が高い」ともいえます。

この「面白いことを見つけ出そう。楽しもう」という意欲が弱い人は、何か面白くないこと、嫌なことを体験すると、そこで心が折れて生きる意欲を失ってしまう場合もあるのです。

しかし、高杉晋作のような前向きな心を持つタイプの人たちは、たとえ面白くないことがあっても、それをあまり意識することなく平気で生きていけるのです。

「面白いこと」は、みずからの意志で見つけ出す。

「時間の使い方」を考えれば、多忙な生活も楽しくなる

フリーランスのデザイナーとして超多忙な生活を送っている男性がいます。

彼はデザインという仕事を愛し、楽しみながら仕事をしています。

ゆえに、仕事自体を苦痛に感じることはありませんでした。

ただし、一つ苦痛に感じることがあるのです。

それは仕事が忙し過ぎて息つく暇もない、ということでした。

そこで彼は、時間のやり繰りを工夫して、ゆっくり心身を休める時間や、友人たちと遊ぶ時間を作ろうと考えたのです。

時間の使い方が上手になれば、ゆとりの時間を作ることも可能だと考えたのです。

そこで「時間の使い方」を研究するために、書店へ行ってタイムマネージメントの本を

何冊か買ってきました。

ちなみに「タイムマネージメント」とは、いかにして物事を効率的に進め、生産性を向上させた上で、時間的なゆとりを作り出すか……ということを学ぶための技術を解説するものです。

彼は本を読んで学んだことを、自分の生活に合わせていろいろと試してみました。

そして、そのような試行錯誤をするうちにタイムマネージメント、つまり「時間の使い方を工夫する」ということ自体が面白く感じられるようになってきたのです。

何か、自分の生活を実験台にして、科学の実験をしているようで、楽しくなってきたのです。

そうなると「超多忙な生活」もちっとも苦痛ではなくなりました。

むしろ忙しくなればなるほど、楽しい気持ちになってきました。

「楽しむ」ということで、「多忙」ということへの「心の免疫力」が強化されたのです。


「工夫する」ということ自体が、実はとても楽しい。

「生きていて楽しい」と実感するためにも、陽気に笑う

「陽気に笑う」ということで「生きていて楽しい」という実感が生まれます。
そして、「生きていて楽しい」という実感が「心の免疫力」を強化してくれます。
アメリカの心理学者だったウィリアム・ジェームズは、
「楽しいから笑うのではない。笑うから楽しいのだ」
と述べました。
楽しい時に笑顔になる、というのは人間の自然な生理的反応でしょう。
一方で人間には、「笑うから、楽しい気分になっていく」ということもあります。
人の日々の生活は、むろん、楽しいことばかりではありません。
思い悩むこともあると思います。

しかし、悩んでばかりいても、人生は好転しないのです。

ですから、「悩ましいことがある時こそ、『笑う』ということが大切だ。笑うことで気持ちが楽しくなり、楽しい気分になれば、悩ましい問題も難なく乗り越えていける」ということを、ウィリアム・ジェームズはこの言葉で説いているのです。

特定の地域で活動するローカルタレントをしている女性がいました。

彼女は当初、なかなか人気が出ずに悩んでいました。

しかし「暗い顔をしていたら、ますます人気が出ない」と考えた彼女は、悩ましい気持ちにもかかわらず、がんばって「明るく笑う」ことを心がけるようにしたのです。

笑っていると何となく気持ちが明るくなり、彼女の笑顔はいっそう輝きだしたのです。

すると人気が出てきて、彼女は今や引っ張りダコのタレントになりました。

「明るく笑う」ということが「悩み」への「心の免疫力」を強化し、さらにはその人の人生を好転させるきっかけにもなります。


「明るい笑顔」によって、人生は好転していく。

心地よく笑うと「心の免疫力」がアップする

「心地よく笑う」という習慣を持つことは、体の免疫力を高める効果があるといわれています。

たとえば、次のような実験があります。

がん患者を含む19人（20〜62歳）の人たちに、大阪の劇場で、お笑い芸人たちが出演する舞台を見てもらったのです。

出し物は、漫才、漫談、喜劇といったものです。

そして、約3時間ほど大いに笑ってもらった後に、実験の参加者たちの血液を調べました。

そうすると、免疫細胞の1つであるＮＫ細胞が活性化していたことがわかりました。

このような「笑いが免疫力アップに効果がある」「笑いが健康にいい」という医学的な研究は他にもたくさんあります。

「笑い」は「体にいい」ばかりではありません。

心地よく笑うことは「心の免疫力」をアップする効果もあるのです。

たとえば、辛い経験をして気持ちが落ち込んでいるとします。

そんな時に、親しい友人に会って、楽しいことをやって大いに笑うのです。

あるいは、家族と陽気に笑い合う団欒《だんらん》のひと時を過ごします。

そうすると、それまで思い悩んでいたことを忘れられ、気持ちが明るくなります。

そして、心の奥から「楽しく生きていこう」という意欲が湧きあがってくるように感じられます。

その結果、「心の免疫力」がアップして、「こんなことで私は負けない。希望を持って、がんばっていこう」という前向きな意欲が生まれてきます。

落ち込んだ時には、親しい人たちと一緒に陽気に笑う。

美味しいものを「美味しい」と思う「心」を大切にする

日本の思想家に、中村天風《なかむらてんぷう》がいます。

自分のさまざまな人生経験から、積極的な精神を持って生きることの大切さを説きました。

彼は、こう述べました。

「何よりも一番先に考えなければならないのは、心なんです。（中略）麻雀《マージャン》した、トランプした、面白いなあと思うのは、みんな心でしょう。おいしいものを食べて、『ああ、おいしかった』と思うのも心で、肉体ではないでしょう」

人が幸福に生きていくためのカギは、その人の「心」にあるのです。

つまり、「心」をいつもプラスの状態にしておけば、その人はおのずから幸福な人生を送っていけるようになります。

天風は、ここで「食べ物」をたとえにして話をしています。

美味しいものを食べて、「美味しい」と思います。

そうすることで心がプラスの状態になり、楽しく食事をする幸せを実感できます。

良くないのは、せっかく美味しいものを食べているのに、何も思わないことです。

時として、何か悩み事がある時、人はそのことばかりに気を取られて、美味しいものを食べても「何も思わない」ということがあるのです。

しかし、それでは「生きている幸福感」は生まれないでしょう。

美味しいものを食べている時は、「ああ、美味しい」と思う「心」を大切にするのがいい、ということを、天風はこの言葉で説いています。

そうすることで「心の免疫力」もアップして、その悩み事が苦にならなくなります。

それが「みんな『心』である」という言葉の意味です。


「幸福な人生」のカギは、その人の「心」にある。

「幸福な人生だ」と思い込んでいると、生きることが楽しくなる

自分の人生にどのような認識を持っているかで、その人の人生は大きく変わっていきます。

ここで大切なのは、「私は幸福な人生を歩んできたし、これからも幸福に生きていけるだろう」という認識を持っておくことです。

しかし、一方で、「自分はこれまで苦労ばかりしてきた。これからも自分の人生には、良いことなんてないだろう」と、悲観的な認識を持っている人もいます。

そのように思う人は、たしかに「苦労の多い人生」を送ってきたのでしょう。

辛いことや悲しいこと、苦しいことも数多くあったのかもしれません。

しかし、それでも「いろいろなことがあったけど、自分の人生は全体的には楽しいこと

も多かった。これからも幸福な人生になるだろう」という認識を持つことが重要です。

というのも、人生というものは「心の持ちよう」で大きく変わっていくからです。

明治から大正にかけて活躍した実業家で、日本の資本主義の基礎を築いたといわれる渋《しぶ》沢栄一《さわえいいち》は、

「世の中の事はすべて心の持ちよう一つでどうにでもなる」

と述べました。

つまり「自分は幸福だ」という認識を強く持つことで、どんなことがあっても前向きに、また、明るい気持ちを持って生きていくことができます。

そして、本当に、幸福な未来を切り開いていけるようになるのです。

心の持ちようで、自分の人生はどうにでもなる。

第2章

自分の「生きる力」を実感する

自分ならではの夢を持つことで「生きる力」が蘇《よみがえ》る

人は誰でも「生きる力」を持っています。

そして本来、この「生きる力」は非常に強いものなのです。

しかし、日常生活の中でいろいろな経験をするうちに、この「生きる力」が弱まってしまうことがあります。

それは、病気になったり、失敗をして落ち込んだり、悩ましい問題に直面したり、あるいは、パートナーや親しい友人との関係がうまくいかなくなった時です。

そのような経験をすると、前向きに生きる力、積極的に生きる力が弱くなります。

ただし、たとえ「生きる力」が弱まっても、その強い力を復活させる方法もあります。

それは、「自分ならではの夢を持つ」ということです。

「こんなことを実現したい」「こんなことをできるようになったら楽しいだろうな」といった夢を持つのです。

そうすると「生きる力」が蘇ってきて、気持ちが明るく前向きになっていきます。

精神科医であり、エッセイストとしても活躍した斎藤茂太《さいとうしげた》は、

「夢を見る力は、生命力そのものである」

と述べました。

この言葉にある「夢を見る」とは、眠っている時に見る夢ではなく、「こういうことをしてみたい」という人生の夢を意味しています。

つまり、夢を持つことが、その人の「生きる力」を強いものにしてくれるのです。

人の「生きる力」は本来、とても強いものである。

「生きる力」を強化することで、「心の免疫力」もアップする

前述した思想家・中村天風は、

「自分のいのちの中に与えられた、力の法則というものを、正しく理解して人生に活きる人は、真に、限りなき強さと、歓喜と、沈着と、平和とを、作ろうと思わなくても出来上がってくるように出来ているのである」

と述べました。

人の命の中には、力強い「生きる力」があります。

そのような力があることを、まずは自分自身で気づき、そして、その生きる力を上手に活用していく方法を心得ることが大切です。

それができてこそ「限りなき強さと、歓喜と、沈着と、平和」を、自分の心と、そして

人生の中に築きあげていくことができるのです。

この「生きる力」は、もちろん、「心の免疫力」にもつながります。

自分の中で「生きる力」が力強く働いていれば、辛いこと、苦しいことがあっても、それに負けることなく、前向きな心を保っていくことができます。

ちょっとした問題に直面して、そこで心が折れてしまう、ということはないのです。

そういう意味では、「生きる力」は「心の力」であるといっていいでしょう。

では、この「生きる力」「心の力」を強化するためにはどうすればいいかといえば、その方法の一つに「必ず、できる」という信念を持つ、ということが挙げられます。

「夢を必ず実現できる」「目標を必ず達成できる」という強い信念を持つことで、「生きる力」「心の力」も活性化されるのです。


強い信念を持つことで、「生きる力」「心の力」が強化される。

「できない」と思うと、その言葉通りの結果になる

宇野千代《うのちよ》という女性小説家がいました。

大変な人気作家で、その当時は新しい小説の執筆依頼が次々に飛び込んできていました。

もちろん彼女はそれをやりがいに感じて、精力的に仕事をこなしていたのです。

しかし、ある時から、まったく小説が書けなくなってしまいました。

いわばスランプに陥ってしまったのです。

彼女は毎日毎日、「小説が書けない。どうしても書けない」と思い悩みました。

そして、ある時に、中村天風というすぐれた思想家がいるという話を聞きました。

いろいろな悩み事の相談に乗ってくれるというので、彼女は彼に相談してみることにしたのです。

彼女は率直に、「どうしても小説が書けないんです」と訴えました。

すると、天風は、こう答えました。

「できないと思うものはできない。できると信念することは、どんなことでもできる」

と答えました。

彼女は、その言葉に目からウロコが落ちたような気持ちになったといいます。

それからは「私は小説を書けるんだ」と、自分で自分に言い聞かせるようにしたのです。

その結果、スランプから抜け出すことができた、というのです。

小説に限らず、何事でも同じだと思いますが、自分自身で「できない」と決めつけてしまったら、何もできなくなります。

「できる」と自分自身で信じることができてこそ、「生きる力」「心の力」が蘇って、その力で何事もできるようになるのです。


「できると思えば、できる」という単純な法則に従う。

「実現できる」という確信があれば、何でも実現できる

アメリカの実業家に、ヘンリー・フォードがいます。

一般大衆向けの自動車を大量生産することに世界で初めて成功し、「自動車王」とも呼ばれた人物です。

彼は、

「何事もその人次第だ。心からできると信じれば、何だって実現できる。しかし、できないと思えば、初めから無理だ」

というようなことを述べました。

人生の目標を掲げます。

そして、その目標に向かって行動を開始します。

その時に「必ず目標を達成できる」という確信を持って行動を開始するのと、「本当に達成できるだろうか」と自信がないまま行動を開始するのとでは、その後の行動力がまったく違ってくるでしょう。

「必ずできる」という確信があってこそ、強い行動力を発揮できます。

「できるだろうか」という自信のない状態では、ちょっとした壁にぶつかっただけで、「もうダメだ」と、あきらめてしまうことになるのではないでしょうか。

つまり「自信を持てない人」というのは「心の免疫力が弱い」のです。

壁にぶつかったり、失敗を経験した時に、そこから立ち直っていく力が弱いのです。

「生きる力」「心の力」が欲しいのであれば、「心からできると信じる」ということが重要です。

その確信が、その人の人生に奇跡を起こします。

そして、大きな人生の成功をもたらしてくれるのです。

自分に自信を持てない人は「心の免疫力」が弱い。

#「自分を信じる」ことができれば、どんなことも乗り越えられる

アメリカの思想家として多くの本を書き、また、牧師としても活躍した人物に、ジョセフ・マーフィーがいます。

彼は、いかに悲観的な状況にあろうとも、そこから脱却することは可能であり、問題はそう思えるかどうか、この一点にかかっている、と述べました。

つまり、自分自身が「この悲観的な状況から必ず脱却できる」と信じることができれば、その信念の力によって実際に悲観的な状況を乗り越えていくことが可能になる、ということを述べています。

大切なのは「自分で自分を信じることができるかどうか」という一点にかかっている、ということなのです。

つまり、「自分ならできる」と信じることで、悲観的な状況に対する「心の免疫力」が強化される、ということです。

ただ「自分はできると信じる」といっても、どうすればいいのかわからない人がいるかもしれません。

そのような人に一つアドバイスをするとすれば、「過去の成功体験を思い出す」ということです。

誰でも過去に、「今と同じように悲観的な状況に陥ることがあったが、それを乗り越えることができた」という経験が一つか二つあるのではないでしょうか。

そのような経験を思い出すことで、「自分なら今度もできるはずだ」という自信が生まれてきます。

弱まりかけていた「心の免疫力」がふたたび強化され元気が出てくるのです。

「過去の成功体験」を思い出すと「今度もできる」と力が湧く。

自分の進歩を実感することで「生きる力」が増進する

「少しずつではあっても、自分は進歩している」という実感がある人は、「生きる力」「心の力」が強い人であるといえます。

「昨日の私よりも、今日の私は進歩している」という実感が、「明日はさらに進歩している自分に出会えるように、今日やることを精一杯がんばろう」という生きる意欲を生み出します。

そして、そのような意欲にあふれている人は、何か失敗することがあったとしても、そこでクヨクヨと思い悩んでいることはありません。

「この失敗を糧《かて》にして、それを自分の進歩に結びつけるんだ」と前向きに対処するのです。

つまり、その失敗から立ち直る「心の免疫力」が強いのです。

小説家、また詩人として活躍した武者小路実篤《むしゃのこうじさねあつ》は、「進歩して止《や》まぬものを生命は持っている、そこに生命の神秘はある」というようなことを述べました。

自分自身の生命の中には、もともと「進歩する力」が備わっています。

「それが人間の生命の神秘的な力だ」と、武者小路実篤はこの言葉で指摘しています。

言い換えれば、その「進歩する力」を十分に引き出して生きていくことが、その人の人生の充実感につながっていくのでしょう。

毎日、自分がどの程度進歩したかをノートに書き出す習慣を持ってもいいと思います。

「昨日手間取っていたことが、今日はスムーズにできた」というようにです。

そのような習慣を持つことで自分の進歩を実感できるようになると思います。

「日々の進歩」をノートに書き出す習慣を持つ。

人に貢献することが、自分自身の「生きる力」となる

人のために貢献するということが、自分自身の「生きる力」につながります。

ある女性は、ホテルで接客の仕事をしています。

彼女のモットーは、とにかく「お客様にご満足いただけるサービスをする」ということなのです。

ですから彼女は、自分のことよりも、お客様に満足してもらうことを最優先に仕事をしています。

彼女は、よくお客様から、「ありがとう。とても良い時間を過ごせました」という感謝の言葉をかけてもらうことがあるそうです。

お客様から寄せられる「ありがとう」という一言を聞くと、彼女はとてもうれしい気持

ちになるのです。

そして、その「ありがとう」の一言で、「もっとがんばろう」という意欲が湧いてくるのです。

つまり、彼女にとっては、お客様からもらう「ありがとう」という言葉が、彼女自身の「生きる力」になっているのです。

もちろん、時には、お客様からクレームを言われることもあります。

しかし、クレームを言われた時には、彼女は「では、どうすれば、このお客様にご満足いただけるか」ということを一生懸命に考え努力します。

そういう意味からいえば、クレームを言われるということも、彼女はそれを自分自身の「生きる力」に変えているのです。

つまり、このように人に貢献するという意識の強い人は「生きる力」も、また「心の免疫力」も強い人なのです。

人のために一生懸命に尽くしてみる。

「シャカリキ」という言葉から、人の正しい生き方を学ぶ

「シャカリキ」という言葉があります。

「シャカリキになって働く」「シャカリキでがんばる」といった言い方をします。

この「シャカリキ」とは、「一生懸命になって、ある物事に取り組む」という意味があります。

「シャカリキ」は、漢字で書くと「釈迦力」となります。

この「釈迦《しゃか》」とは、仏教の創始者であるブッダのことです。

ブッダは釈迦族という部族の生まれだったので、「釈迦」と呼ばれることもあります。

ところで、この「釈迦力」には、二つの意味があるといわれています。

一つには、「釈迦、つまりブッダが、仏教という教えを通して人々に『生きる力』を与

える」ということです。

もう一つには、そのようにして人々に貢献することで、「ブッダ自身が強い『生きる力』を得ている」ということです。

言い換えれば、人々のために力になり、人々の幸福のために貢献する、ということが、その本人の生きる力を強くします。

また、苦しいこと、辛いことに負けない「心の免疫力」をも強化してくれる、ということなのです。

そういう意味からいえば、「シャカリキになって働く」という時、その努力は「人々の幸福を願って」というものであることが大切になります。

人々に貢献するという意識を持つことで、その本人は、それこそ「強力な力」を発揮できるのです。

「シャカリキ」という言葉は、人の正しい生き方を説いてもいるのです。

人に「力」を与えることが、自分自身の「力」になる。

どんなことであれ「楽しむ方法」はたくさんある

人は、楽しんで物事に熱中しているうちに、どんどん「生きる力」や「心の免疫力」が強化されていきます。

そういう意味では、何事であっても「楽しんで熱中する」ということを心がけることが大切になります。

とはいえ、「会社では、つまらない仕事ばかり命じられる。楽しむことなんてできない」という人がいるかもしれません。

しかし、どのようなことであれ「楽しんで熱中する」ことは可能だと思います。

たとえば「つまらない仕事」であれ、職場の仕事仲間たちと力を合わせ、「がんばろうよ」とお互いに励まし合いながら従事していけば、自然に楽しい気持ちになっていくものです。

仕事の内容にかかわらず、「一つの目標に向かって、みんなで協力している」ということ自体がとても楽しい経験になっていくのです。

あることについての「楽しみ方」はいろいろあります。

ですから、どんなことだろうと、自分なりに何か「楽しみ方」を探し出すことができれば、楽しい気持ちでそれをやっていくことができます。

そして「楽しい」という気持ちがあれば、何かうまくいかない事態が生じた時も、それを前向きな気持ちで乗り越えていくことができると思います。

一方で、「つまらない」という気持ちで取り組んでいるとしたら、うまくいかないことがあるたびに落ち込んでしまい立ち直れなくなる、という事態になるのではないでしょうか。

「つまらない」という思いは、「心の免疫力」を弱めてしまうのです。

「楽しい」という気持ちが「心の免疫力」を強化する。

「小さな目標」を達成することを、日々の楽しみにする

カナダの女性小説家に、ルーシー・モード・モンゴメリーがいます。

『赤毛のアン』という作品で世界的に有名になりました。

このモンゴメリーは、『赤毛のアン』の中で、こう書きました。

「物事は楽しもうと思えば、どんな時でも愉しめるものよ。（中略）もちろん、楽しもう、と固く決心することが大事よ」

つまり、自分の決心次第で、どんなことであれ楽しめる、ということです。

社会人になれば、たくさんの義務を背負うことになります。

社会人としての責任を果たすために、本心では「こんなこと、やりたくないなあ」ということをやる時もあると思います。

もちろん、それは「やりたくない」と思うだけのさまざまな理由があるのでしょう。しかし「やりたくない」という思いを抱えたままでは「生きる力」や「心の力」は出てきません。

良い成果も出ないでしょうし、場合によっては、それを途中で投げ出すことになるかもしれません。

ですから、どんなことであれ、「楽しんでやろう」と固く決心して、それに従事するほうがよいのです。

楽しむ決心があってこそ「生きる力」や「心の力」が湧き出してきます。

たとえば、日々「小さな目標」を作る、という方法があります。

十分に達成可能な小さな目標を設定して、それを確実に達成していくのです。

小さな目標であれ、それを達成すれば楽しい気持ちになります。

そして、その楽しい気持ちが、新たな活力を生み出します。

「楽しもう」と固く決心してから、物事を始める。

時に試練を与える運命の神様に、感謝する気持ちを持つ

「感謝する気持ちを持つ」ということが、「心の力」「生きる力」を高めます。

たとえば、目標に向かって努力している途中に、大きな挫折を経験したとします。

挫折を経験した本人とすれば当然、落ち込むことになるでしょう。

人によっては、そこで「これ以上努力しても、もうダメだ」と、目標を達成することをあきらめてしまうかもしれません。

しかし、そこで感謝してみるのです。

それが立ち直るきっかけになるからです。

たとえば、

「ここで挫折を経験することで、改めていろいろなことを学ぶことができた。この経験を

生かせば、さらに良い結果を期待できるようになるだろう」

といったように、挫折という試練を与えてくれた運命の神様に感謝するのです。

あるいは、

「これまで順調だったので、気が緩《ゆる》んでいた。『このままでは目標まで行き着けないぞ』と、神様が私を叱咤激励《しったげきれい》する意味で、私に試練を与えてくれた」

といったように感謝してみるのです。

このように「感謝する」ということで、落ち込んでいた気持ちが入れ替わります。

「気合いを入れ直して、前進していこう」と、明るい気持ちで考えられるようになるのです。

運命の神様は、時に、人間に試練をもたらします。

しかし、そこで、運命の神様に対して、プラス思考で感謝する気持ちを持てば、そこから自分の運命が好転していきます。


神様に感謝すれば、幸運をもたらしてくれる。

第3章

「目的意識」が人を強くする

「明確な目標の設定」が「心の免疫力」を強化する

心理学に「目標設定理論」という言葉があります。

この理論をわかりやすく要約すると、

「明確な目標を設定することで、人の意欲は高まり、また、目標へ向かって努力する過程で、その人は大いに成長する。困難に直面することがあっても、それを乗り越えていく精神力を発揮できる」

という理論です。

逆の言い方をすれば、明確な目標がなく、毎日をただ漠然《ばくぜん》とした気持ちで生きている人は精神力が弱いのです。

困難な状況に対する「心の免疫力」も弱く、ちょっと困ったことが生じると、そこで心が折れてしまうことになりがちです。

そういう意味では、自分ならではの「人生の目標」を持って生きていくことが大切です。

それが「心の免疫力」を強化するのです。

たとえば、困難な状況に直面した時、明確な目標がある人は、そこで、「目標を達成するために、何か別の方法がないだろうか」ということを考えます。

そして実際にいろいろなことを粘り強く試しながら、その困難な状況を乗り越えていくことができるのです。

しかし、目標が明確になっていない人は、そこで「何か別に良い解決法はないか」という発想の転換ができません。

そして、単純に「いくらがんばっても無理だ」と決めつけてしまいがちです。

従って「明確な目標を設定する」ということから物事を始める必要があります。

「何か別に良い解決法はないか」と考えてみる。

「みずから設定する目標」が、人の意欲を高める

「目標を持つ」ということが「心の免疫力」を強化します。

目標を持つことで、苦しい状況、辛い状況に耐え抜いて、それを乗り越えていく精神力を発揮できるのです。

ただし、ここで考えておく必要があることがあります。

それは、「目標には2種類のものがある」ということです。

つまり、「与えられた目標」と「みずから設定する目標」です。

「与えられた目標」とは、たとえば勤め先の会社から課せられる業績目標といったものです。

このような「与えられた目標」を責任を持って果たしていくことは、もちろん人生では

大切なことでしょう。

ただし、人の意欲を高め、心を元気な状態にするためには、さらに「みずから設定する目標」を持つことが重要になってきます。

心理学に、「内発的動機づけ」という言葉があります。

この言葉は、「他者から強いられるのではなく、自分自身の価値観で設定した目標に従って行動する」ということを意味しています。

このような「みずから設定する目標」を持つことのほうが、その人の意欲を高めることが知られています。

従って、たとえば、会社から与えられる業績の目標に加えて、「業績目標を着実に達成して、収入をアップする」「増えた収入で自宅を購入し、家族と幸せに暮らす」といった自分で設定した目標をプラスします。

そうすることで「目標を持つ」ことの心理効果がさらにアップします。


「与えられる目標」に「自分ならではの目標」をプラスする。

「好きなこと」「得意なこと」の延長線上に、目標を設定する

古代ギリシャの哲学者であるアリストテレスは、「目標に向かい努力することによってのみ、人生は意味あるものとなる」と述べました。

この言葉にある「人生は意味あるものとなる」とは、言い換えれば、「幸福感に満ちた、充実した人生になる」ということでしょう。

そして、そのためには「目標を持って、それに向かって努力していく」ということが大切だと、アリストテレスはこの言葉で指摘しています。

また、心理学では、「みずから設定する人生の目標」を持つことで、その人の生きる意欲がさらに高まり、困難に対する「心の免疫力」も強まることが知られています。

では、自分ならではの人生の目標を、どのように設定するか……ということについて、いくつかアドバイスしてみたいと思います。

まず大切なのは、「自分にとって、もっとも大切な価値観は何なのか」ということについて、ある程度時間をとってじっくり考えてみることでしょう。

「仕事で成功する」ということなのか、「家族を大切にしていく」ということなのか、それとも「世の中のために貢献する」ということなのか、よく考えてみるのです。

もちろん人生の目標とは、自分にとって大切な価値観に沿ったものである必要があると思います。

また、人生の目標は、「自分が好きなこと」「自分が得意とすること」に沿ったものである必要があると思います。

好きなこと、得意なことの延長線上にある目標であれば、それに向かって努力していくことがより楽しく感じられるからです

「自分のとっての大切な価値観」について、じっくり考えてみる。

もっとも大切なものとは「失われないもの」である

自分の人生にとって本当に「大切なもの」は何か、普段から考えておくことは、とても大切だと思います。

いろいろ考えた上で見つけた、自分ならではの「大切なもの」が羅針盤《らしんばん》となって、自分のこれからの人生を良い方向へ向かって導いていってくれるからです。

ただし、その「大切なもの」とは、けっして「金銭」や「地位」といったものではないと思います。

人によっては、「私にとって何よりも大切なのはお金だ。だから、たくさんお金が欲しい」と欲張って生きていく人がいます。

また、「とにかく偉くなりたい。権力の階段を一番高いところまで上《のぼ》り詰めたい。それが自分にとって、もっとも大切なことだ」と考えて、出世競争に明け暮れる人もいます。

しかし、このようなタイプの人は、「心の免疫力が強い人」ではありません。

なぜかといえば、金銭にしても地位にしても、それを失ってしまうということがあるからです。

仕事に失敗したり、アクシデントに見舞われたりして、貯め込んでいたお金を失ったり、せっかく手にした高い地位を失うことがあるのです。

そんな時、このタイプの人は、「人生でもっとも大切なものを失った」と落ち込み、そのまま立ち直れなくなることもあります。

本当に「大切なもの」は、そのような「失われるもの」ではなく、「人に喜ばれる存在になる」といった、いわば「失われないもの」であるほうがよいと思います。


「金銭」や「地位」を「もっとも大切なもの」に設定しない。

日常生活を「カテゴリー」に分けて、それぞれ身近な目標を立てていく

「自分ならではの人生の目標を持つことは大切だと思うが、具体的にどのようなことを目標にすればいいかわからない」という声もよく聞きます。

このような人は、次のように身近な目標を立てることから始めてもいいでしょう。

【健康面での目標】

・週に3回はスポーツクラブでトレーニングする。

・一日1万歩を目標にして「歩く習慣」を身につける。

【趣味面での目標】

・月に最低1冊は本を読むようにする。

・年に2回は旅行する。

【生活面での目標】

・パソコンをマスターする。

・日記を書き続ける。三日坊主で終わらせない。

このように日常生活を「健康」や「趣味」「生活」といったいくつかのカテゴリーに分けて、それぞれについて1つか2つ具体的な目標を設定していきます。

そして、その目標を達成できるように日々努力をしていきます。

自分で掲げた目標を達成すると、本人にとってはそれが「自信」になります。

そして、目標を一つ一つ達成することで、自信も一つ一つ増えていきます。

そのようにして自信を大きくしていくことが、「もっと大きな目標にチャレンジしよう」という意欲を作り出します。

目標を達成することが「自信」につながる。

目標を達成した「充実感」と「自己成長感」を大切にする

どんなに小さな目標であっても、それをやり遂げることで「充実感」が生まれます。

たとえば、「年に1度は家族で旅行する」という目標を立てたとしましょう。

そして、旅行の費用を作るために、無駄遣いをしないように努力しながら、毎月少しずつ貯金していきます。

また、どこに旅行すれば家族たちに喜んでもらえるだろうかというアイディアを得るために研究を重ねます。

旅行のスケジュールについてあれこれ頭を使い、そして、忙しい仕事をやり繰りして休暇を取ります。

このような努力をして家族旅行を実現し、家族からも喜んでもらうことができれば、それが自分自身にとって大きな充実感になるのです。

また、一方で、旅行の計画をしたり、お金を無駄遣いしないよう努力したり、休暇を取るために仕事のやり繰りをすることを通して、「自分が人間的に成長した」ということも実感できます。

目標を実現する上で大切なのは、この「充実感」と「自己成長感」を得ることにあると思います。

なぜなら、この「充実感」と「自己成長感」とが、「今度は、どんな目標を設定しようか」という夢につながるからです。

そして、新たな目標が定まれば、「その実現のために一生懸命になって、がんばろう」という意欲へとつながり、そんな夢や意欲が「心の免疫力」を強化します。

目標へ向かってがんばっていく途中で、うまくいかないことがあっても、そこで挫折することなく、力強く元気に前に進んでいくことが可能です。

目標を達成すると「新たな目標」への意欲が高まる。

目標を見据えて、まっすぐ前を見て歩いていく

サーカスに「綱渡り《つなわた》」という見世物があります。

地上からはるかに高い所に渡した綱の上を歩いていく、という見世物です。

この綱渡りの技を見せるに当たっては、してはいけないことが一つあるといいます。

それは、綱を渡っている最中に「下を見る」ということです。

自分の足元から下へ目をやると、「今、ここから落ちたら大ケガをするだろう。命を失うことだってありえる」といったようなネガティブなことを考えてしまうからです。

そうなると心が不安定になって、それが原因で体のバランスを失います。

そして、本当に綱から落下する、ということにもなりかねないのです。

ですから、綱の上を渡っている時には、到着点へ向かって、まっすぐ前を見て歩いてい

くことが必要になります。

人の「人生」についても、同じことがいえるのではないでしょうか。

自分の目標に向かって歩いていく途中に、人は「下を見る」ということがときどきあるでしょう。

「今、担当している事業に失敗したら、責任を取らされることになるかもしれない。そうしたら今の人生から転落し、奈落《ならく》の底に落とされるような経験をすることになるかもしれない」

そんなふうに、ネガティブな考えに、ふととらわれてしまうことがあるのです。

そして、そのために精神的に不安定になり、仕事への集中力もなくなっていく、という結果にもなります。

そうならないために大切なのは、綱渡りと同じように、自分の目標をまっすぐ見据えて、前だけを見て歩いていく、ということです。

「下を見る」と、そのために心が不安定になっていく。

自分ならではの目標を「みんなの幸福のため」に役立てる

元気に生きていくために必要なコツの一つに、「自分の掲げた目標を達成することで、周りの人たちも幸せにする」ことを念頭においておく、ということがあります。

目標を達成することが、単なる自己満足で終わってしまうのでは、その人にとっての「元気に生きる力」はそれほど大きくはなりません。

自分が目標をやり遂げた時、その結果として多くの人たちが明るい笑顔になれる……という確信があってこそ、「もっと、がんばろう」という意欲も大きく膨らんでいきます。

ある女性は「小説家になりたい」という夢がありました。

そこで一生懸命になって小説を書き、文芸雑誌の新人賞などに応募していました。

もし新人賞に選ばれて、ベストセラーになればお金も入ります。

世間的な名声も得られるでしょう。

それが彼女にとっての大きな人生の楽しみでもあったのです。

しかし、なかなか新人賞には選ばれず、彼女の心は折れそうになっていました。

そこで彼女は、考え方を変えたのです。

つまり、「小説家になって自分が幸せになることも大切だが、それ以上に、自分が書いた小説を読んでくれた人たちに幸せになってもらいたい。読者を笑顔にするような小説を書きたい」と願うようにしたのです。

その結果、彼女は気持ちを持ち直し、さらに精力的に小説を書けるようになったのです。

このように「人を幸せにしたい」という願いが、当人の心を強くします。


自己満足だけの目標では「生きる力」は強まらない。

「自己信頼」「他者信頼」「所属感」によって、精神力を強化する

オーストリアの精神科医、また、心理学者として活躍した人物に、アルフレッド・アドラーがいます。

このアドラーの言葉に、「自己信頼」「他者信頼」「所属感」というものがあります。

これらの言葉には、それぞれ次のような意味があります。

・自己信頼……「自分には周りの人たちの幸福のために貢献するだけの能力がある」と、自分自身を信頼すること。

・他者信頼……「自分が困っている時には、周りの人たちが自分を援助してくれる」と、周りの人たちを信頼すること。

・所属感……「自分には多くの信頼できる仲間がいる。恵まれたグループに自分は所属

している」という感覚。

そして、アドラーは、この「自己信頼」「他者信頼」「所属感」があれば、人はどのような困難も乗り越えていける、と説くのです。

このアドラーの説は、「人生の目標を持ち、心の免疫力を高める」ということを考える上でも参考になると思います。

たとえば、自分の能力を信頼し、「みんなのために自分の能力を役立てる」という目標を掲げます。

そうやって他者に貢献していけば、周りにいる人たちは自分を信頼してくれるようになります。

そして、自分が困難な状況にある時には、援助の手を差し出してくれるのです。

そのようにして、周りの人たちとの一体感が強まっていけば、それが自分自身の「心の免疫力」の強化につながります。

周りの人たちとの一体感が「心の免疫力」を強くする。

人生のステージで人生の目標を「自分」から「みんな」へ切り替える

仏教の創始者であるブッダは、現在のネパールの南にあるルンビニのサーキャ族（釈迦《しゃか》族）の王子として生まれました。

ブッダは王族の生まれですから何不自由ない生活を送っていました。

しかし、29歳の時に出家して修行生活に入ります。

その時のブッダの人生の目標は、まずは「自分自身が悟りを得ることに専念する」ということでした。

そして、35歳の時に、瞑想《めいそう》をした後、ついに悟りを得ました。

そこでブッダの人生の目標は大きく変わります。

ブッダは、「これまでは自分が悟りを得ることだけを念頭に修行してきたが、これからは自分が得た悟りを世の中の多くの人たちの幸福のために役立てよう」と考えるようになったのです。

すなわち、ブッダは人生の目標を「自分の悟りのため」から「多くの人の幸福のため」に変えたのです。

このように人生のステージによって「人生の目標」を変えていく、という生き方もあると思います。

たとえば、35歳までは、「とにかく自分が仕事で成功する」ということだけを人生の目標にして努力します。

そして、35歳を過ぎたら、「自分の成功を、世の中の人の幸福のために役立てる」というたように、人生の目標を切り替えるのです。

そして、人生の目標が「自分のため」から「人のため」に切り替わった時、その人の困難に対する「心の免疫力」はさらに高まると思います。

最初は「自分のため」、それからは「人のため」に生きる。

第4章

「忍耐力」で大きなことを成し遂げる

苦しいことを耐え抜けば、必ず良い報いが返ってくる

「心の免疫力が高い人」とは、言い換えれば、「忍耐力がある人」といえます。

苦しいこと、辛いことがあっても、それに耐えて乗り越えていく力です。

このような忍耐力があってこそ、人は大きなことを成し遂げることができるのでしょう。

しかし、「苦しいことに耐えていく」ということは、それほど簡単なことではありません。

苦しいがために途中で心が折れて物事を投げ出してしまう人もいるかもしれません。

では、どうすれば「心の免疫力」、つまり「忍耐力」を強化していくことができるのでしょうか。

「耐えるコツ」の一つは、「苦しいことに耐えれば、それだけ見返りも大きい」というこ

とを信じることにあると思います。

アメリカの作家であるオグ・マンディーノは、このようなことを述べました。

「忍耐によって運命を支配できることを学ぶことが大切だ。忍耐をすればするほど、その人に返ってくる報いが確かなものとなることを知ることが大切なのだ。いかなる偉大な業績も、忍耐強く努力し、待ち続けた結果としてもたらされるのである」

苦しいことを忍耐する結果として、必ず「返ってくる報い」があるのです。

そして、その「報い」とは、その人にとっての「偉大な業績」なのです。

そのような偉大な業績が報いとして返ってくるということを信じることができれば、今どんなに苦しい状況にあっても、強い「心の免疫力」を発揮して、それに耐え抜くことができるのではないでしょうか。

偉大な業績は、忍耐力の上に成り立っている。

忍耐は、その人の人生に「美しい花」を咲かせる

明治維新の英雄に、西郷隆盛《さいごうたかもり》がいます。

この西郷隆盛が作った漢詩の一節に、

「耐雪梅花麗（雪に耐えて梅花麗《ばいかうるわ》し）」

というものがあります。

梅は、初春に美しい花を咲かせます。

この言葉にある「梅花麗し」とは、「梅の花は美しい」という意味です。

ただし、春は、冬という季節を経て巡ってきます。

梅は、その冬の寒さに耐え忍んだ結果として、美しい花を咲かせるのです。

西郷隆盛は、この言葉で「人生も同じだ」ということを説いています。

つまり、人間も、美しい花を咲かせるには、冬の寒さのように辛く苦しいことに耐え忍ぶ必要がある、ということなのです。

言い換えれば、今がたとえ辛く苦しい状況であっても、それに我慢強く耐え忍んでいけば、やがてその人の人生には「春」が巡ってきます。

辛く苦しい状況は終わって、あたたかい春のように幸福な季節が巡ってくるのです。

そして、そこで、その人の人生にも「美しい花」が咲きます。

すなわち、「素晴らしい成果」という花が咲くのです。

西郷隆盛の人生も、おそらく、辛く苦しいことの連続だったと思います。

しかし、それに耐え抜いたからこそ、明治維新という偉業を成し遂げることができたのでしょう。

「忍耐は、美しい花を咲かせる」と信じることで、苦しいこと、辛いことへの「心の免疫力」を高めることができます。


苦しいことに耐えてこそ、偉業を成し遂げられる。

苦しい忍耐の後には、成功が待っている

人生には「循環」があります。

厳しい寒さの冬が終われば、やがて春が巡ってくるように、人生でも試練の時期はいつか終わりを告げ、その後には幸福な季節が巡ってくるのです。

「この苦しみがずっと続く。この苦しみには終わりがない」と考えれば、「心の免疫力」が弱まって、その人生に耐えられなくなってしまうでしょう。

しかし、「この苦しみには終わりがある」ということを理解できれば、「心の免疫力」が高まって、忍耐することも可能になるのではないかと思います。

ロシアの作家であるマクシム・ゴーリキーは、このようなことを述べました。

「すべて物事には終わりがある。苦しい時期も終わる時がやって来る。従って、忍耐は成功を勝ち得る唯一の手段である」

忍耐する時期が終われば、その人の人生は大きく循環して、そこには「成功」が待っているのです。

ゴーリキーという作家は、ロシアの貧しい家具職人の家に生まれました。

成人してからは定職に就くことができず、広いロシアの領土を転々と移り住みながらさまざまな職業を経験したといわれています。

それは彼が20代の時のことだったのですが、彼の人生にとってはまさに「忍耐の時期」だったのでしょう。

しかし、その後、彼の人生は大きく循環します。

ある新聞社に就職したのをきっかけにして、その新聞紙上で小説を書き始めました。

そして、その小説が評判を呼び、彼は作家として「成功」したのです。

このように「忍耐の後には成功がある」と信じることが大切です。

「苦しい忍耐の時期」は、ずっとは続かない。

焦《あせ》れば焦るほど、その人の心は「焦げて」しまう

忍耐をしなければならない時期にも終わりがあります。

そして、その向こうには、成功が待っています。

ただし、「忍耐を早く終わらせたい」「早く成功を摑《つか》みたい」と、気持ちを焦らせることは禁物です。

「焦り」という感情は、「心の免疫力」を弱める原因にもなるからです。

人は、焦って物事を進めている時、つまらないミスを繰り返してしまいがちです。

そして、そのミスのため、物事がそこで停滞してしまうのです。

そうなると、その当事者は、ますます気持ちを焦らせることになります。

その結果、気持ちだけが空回りして、ついには成功を摑む意欲さえも失ってしまうこと

になりがちなのです。

「焦り」という言葉の「焦」には「焦《こ》げる」という読み方もあります。

ちなみに「焦」の上の部分の「隹」には「鳥」という意味があり、また下の4つの点は「燃え盛る炎」を表しているといわれています。

つまり、「強い炎で焼いたために、鳥の肉が焦げてしまう」ということです。

では、なぜ「焦」という文字には、「焦《あせ》る」と「焦《こ》げる」という2つの読み方があるのでしょうか。

これは、つまり、「焦ると、その人の心が焦げる」ということを意味しているのではないかと思います。

焦れば焦るほど、その人は精神的にジリジリと焼かれるような思いがしてきます。

その結果、「心が燃え尽きてしまう」ということにもなりかねません。

ですから、「焦ってはいけない」という教えなのです。


「早く成功を摑みたい」と焦ると、かえって成功から遠ざかる。

「慌《あわ》てず、ゆっくり、着実に」を心がけて、物事を進めていく

禅に、次のようなエピソードがあります。

ある修行者は一生懸命に修行に励んでいましたが、なかなか悟りを得ることができませんでした。

そのうちに、この修行者は、「いつまでこの辛い修行を続けなければならないのか。いつになったら悟りを得られるのか」と、焦りを感じるようになりました。

そこで、この修行者は、禅の師匠のもとへ行って、

「焦りを感じています。早く悟りを得るには、どうすればいいですか」

と、率直に尋ねました。

それに対して師匠は、

「且緩々《しゃかんかん》」

と答えました。

この「且緩々」の「且」には「まあ、まあ」といった意味があります。

つまり、師匠は、「まあ、まあ、そんなに慌ててはいけません」と諭《さと》したのです。

また、「緩々」には、「ゆっくりと」という意味があります。

つまり、「ゆっくりと、着実に修行を進めていくことが大切です」ということです。

この師匠は、「焦ることは、かえって修行の妨《さまた》げになる。ゆっくりと、着実に修行を進めていくことを心がけなければ、かえって悟りは遠ざかっていく」ということを説いたのです。

焦れば焦るほど、辛い修行に対する「心の免疫力」が低下して、投げやりな気持ちになってきてしまう、ということなのです。

焦ると、かえって目標にしているところから遠ざかる。

無心になって「今」を大切に生きることで、精神的に強くなる

仏教の修行は、とても厳しいことで知られています。

では、仏教の修行者は、そのような厳しい修行を、どのようにして耐え抜くのでしょうか。

そのポイントの一つは、「無心」ということだと思います。

詩人として活躍し、また、仏教に深い信仰を持っていた人物に、坂村真民《さかむらしんみん》がいます。

この坂村真民の言葉に、次のようなものがあります。

「咲くも無心　散るも無心
花は歎《なげ》かず　今を生きる」

彼は、この言葉で「花」にたとえて、「人間の生き方」を説いています。

「花が咲く」とは、「人生がうまくいくこと」を言い表しています。

しかし坂村真民は、「たとえうまくいくことがあっても、そこで浮かれてしまうのではなく、無心となって着実に生きていくのがいい」ということを説いています。

「花が散る」とは、「何か大きな失敗をして、人生がうまくいかないこと」を言い表しています。

しかし、「そこで落ち込んだり悩んだりせず、やはり無心となって生きていくことがいい」ということを述べています。

そして、「人生にはいろいろなことがあるけれども、いちいちそれを嘆いたりせずに、無心となって今やるべきことだけに集中していくのが大切だ」ということなのです。

そのようにして「無心で生きる」ということと「今を大切に生きる」ということを心がけることで、人生の苦難への「心の免疫力」が強くなるのです。

うまくいっても浮かれない、うまくいかなくても落ち込まない。

今日という日を大切にしていくことで、その人の人生は充実する

人生を充実したものにするコツの一つに、「今日という日を大切にして生きる」ということが挙げられます。

未来のことを心配することなく、過去のことを後悔するのでもなく、今日やるべきことに一生懸命になって取り組んでいくのです。

そのように心がけていくことで、苦しいこと、辛いことがあっても、それに耐え抜いていく「心の力」も養われます。

また、今日という日を大切にして生きていけば、やがて自然に夢や希望が叶う日がやってきます。

アメリカの作家で、人間の生き方について多くの本を書いたデール・カーネギーは、人

生とは、今日一日のことである、と述べました。

長い人生も、実は、今日という日の一日一日の積み重ねなのです。ですから、今日という日を疎《おろそ》かにしていたら、その人生はけっして充実したものにはなりません。

従って、まずは「今日という日をしっかり生きる、ということが重要だ」と、デール・カーネギーはこの言葉で指摘しています。

今日を大切にして生きていくために、朝、「今日一日をどう生きるか」ということをノートに書き出す習慣を持ってもいいと思います。

そうすることで目的意識が強まって、「今日という日を漠然《ばくぜん》と過ごしてしまう」ということを避けられます。

もちろん難しいことに対処しなければならない大変な日もあると思いますが、明確な目的意識を持ちながら、無心を心がけて着実に物事を進めていくことが大切です。

「今日一日をどう生きるか」を、ノートに書き出してみる。

「我慢」には「我がままとうぬぼれ」という意味がある

「我慢」という言葉があります。

一般的には、「自分の感情を抑制していく」という意味を表しています。

この「我慢」という言葉の語源は仏教にあります。

仏教でいう「我慢」とは、一般的に理解されている「我慢」とは少し意味が異なります。

仏教でいう「我慢」とは、「我を張ること」「慢心を抱くこと」を意味しています。

「我を張ること」とは、「我がままを押し通す」ということです。

「慢心を抱く」とは、「自分にうぬぼれて、他人を軽んじる」ということです。

それが「我が強い」「負けん気が強い」「がんばる」「辛抱《しんぼう》する」などの意味に変化したようです。

「我がまま」や「うぬぼれ」というものは、「心の免疫力」が弱体化する原因の一つにもなります。

なぜなら、我がままを押し通そうという人は、もし自分の思い通りにならないことがあると、そこで怒ったり、やる気を失ってしまう場合が多いからです。

自分にうぬぼれている人は、自分の実力ではできないことを経験すると、そこでプライドを傷つけられて悲しんだり、心が折れてしまうこともあるからです。

ですから「我がまま」や「うぬぼれ」をなくして、自分の実力に合わせて誠実に努力していくことが大切です。

そのような生き方が、その人の人生を実り多いものにするのです。

自分の実力に合わせて誠実に生きていく。

「我が強い、うぬぼれ屋」は「怠《なま》けたい」という衝動に我慢が効かない

「ウサギとカメ」という昔話があります。

「もしもしカメよ　カメさんよ
世界のうちに　おまえほど
歩みの　のろい者はない
どうして　そんなにのろいのか」

という曲でも有名ですが、この曲の歌詞からもわかるように、この昔話に登場するウサギは「我が強く、うぬぼれ屋で、相手を軽んじる」という性格の持ち主でした。
そのような性格が災いして、カメとの駆けっこに敗れてしまうのです。
「ウサギとカメ」とは、次のようなエピソードです。

ある時、ウサギがカメを、「どうして歩みが、のろいのか」と、からかいます。

からかわれたカメはウサギに、駆けっこの競争を挑みます。

そこで駆けっこをするのですが、足の速いウサギはアッという間にカメを引き離してしまいました。

しかし、うぬぼれ屋のウサギは、どうせカメが自分に追いつけるはずがないと決めつけて、途中で昼寝をしてしまいます。

するとウサギが昼寝をしている間に、カメはウサギを追い越して、結局、駆けっこ競争はカメの勝利に終わったのです。

この話は「我が強い、うぬぼれ屋」という性格の持ち主は、往々にして、「怠けたい」という衝動に対して「心の免疫力」が効かず、そのために自分の能力を十分に発揮できない、ということを示しているように思います。

一方でカメは「怠けたい」衝動を我慢できたからこそ、ウサギに勝てたのでしょう。


「怠けたい」という衝動に打ち勝って、地道に努力を続ける。

円満な人間関係のために「我慢と忍耐」が必要になる

円満な人間関係を築いていくために大切なことの一つに「我慢と忍耐」があります。

大勢の人たちが協力して何かを進めていこうという時に、自分一人だけが我がままなことをしていたら、周りの人たちから軽蔑されてしまうでしょう。

自分にうぬぼれ、他人を軽んじるような態度で人とつき合っていたら、その人は周りの人たちから嫌われることになるでしょう。

ですから、そのような人は我がままを我慢して、周りの人たちと協力していくことを優先する必要があります。

また、うぬぼれを抑えて、謙虚な気持ちで相手を尊重するようにして、人とつき合っていくことが大切です。

人間関係において、このような「我慢と忍耐」ができない人は、また、「心の免疫力」が弱い人ともいえます。

このようなタイプの人は、周りの人たちから軽蔑され嫌われていくために、性格的にイジケていきます。

そのために、何か困難な問題に直面した時に、そこで「この問題を解決したところで、どうせ自分を評価してくれる人なんていないだろう」と、それに立ち向かっていく意欲を失ってしまいがちなのです。

一方で、「我慢と忍耐」を心得ている人は、周りの人たちから尊敬され好かれもします。

そして、そのような人が困難な問題に直面した時には、周りの人たちがその人を助けてくれるのです。

ですから、その人も困った時「心の免疫力」を失うことなく、困難に立ち向かっていけます。

周りの人たちに好かれてこそ「心の免疫力」を持続できる。

第5章

ネガティブ思考を捨てて、心を澄ませる

精神を統一してこそ、「強い集中力」を発揮できる

精神統一ができている人は、「心の免疫力」が高い人といえます。

つまらない失敗をすることがあっても、不安に思うことがあっても、あるいは想定外のトラブルに見舞われたとしても、そこで動揺して取り乱してしまうことはありません。

すぐに平常心を取り戻して、今やらなければならないことに落ち着いた気持ちで集中することができるのです。

そして、大きな野心を持って、驚くようなことを成し遂げようとします。

その時に大切なものの一つは、普段から精神統一をはかる、ということです。

精神統一ができていてこそ、強い集中力を発揮できます。

ネガティブな感情に振り回されることなく、効率的に大きな成果を出すことができるの

です。

では、具体的にどのような方法で精神を統一することができるのでしょうか。

誰にでもできるような簡単な方法が一つあります。

それは「深呼吸」です。

たとえば、朝、新鮮な空気を吸い込んで深呼吸することから一日の生活を始めます。

そうすることで、力強くその日にやるべきことに専念できます。

また、途中でつまらない失敗をして心が乱れた時にも、やらなければならないことからいったん手を離して、気持ちを落ち着けて深呼吸をしてみます。

精神が統一されるまで、深呼吸を繰り返します。

そうすることで気持ちが落ち着き、「この程度の失敗は、すぐに挽回できる」と前向きに考えることができるようになります。

心が乱れた時は、深呼吸で精神統一をする。

邪念を邪念だと区別できるからこそ、邪念を捨て去れる

「精神を統一する」とは、言い換えれば、「邪念（精神統一を妨《さまた》げる思い）を捨てる」ということです。

物事がうまくいかなくなると、人の心にはさまざまな邪念が生まれます。

「このままだと目標を達成できない。みんなからバカにされて恥をかく結果になる」

「絶対できると約束したのに、もしできない結果になったら、叱られるだろうな」

といったネガティブな考えが頭の中に生じるようになるのです。

このような邪念は、人の心を乱します。そして、集中力を奪っていきます。

従って、邪念が頭をよぎることがあっても、その邪念にとらわれることなく上手に捨て去ることが重要です。

邪念を捨て去ってこそ、やるべきことに向かって、ふたたび精神を統一することができます。

仏教の言葉に、「邪念」に対して「正念《しょうねん》」という言葉があります。

「正念」とは、「解決する方法はあるはずだ」「自分なら必ず乗り越えられる」といったポジティブな思いです。

仏教では、「この正念と邪念を区別して頭の中を整理することが大切だ」と説きます。

区別して整理することで、邪念をはっきりと「これは悪い考え方」と意識して捨て去ることができます。

また、正念を明確に「これが正しい考え方だ」と意識して、この正念に従って前進していくことができるのです。

乱れた心を整理するために、この仏教の考え方を参考にしてほしいと思います。

邪念を捨てて、正念に従って行動する。

「分別《ふんべつ》する」ということで、心の乱れが静まる

「分別」という言葉があります。

この言葉は、よく使われる言葉だと思います。

この言葉には、「何が正しくて、何が悪いことなのかを区別して、よくわきまえておく」という意味があります。

この「分別」という言葉の語源は、仏教にあります。

つまり、分別とは「正念（正しい考え）と、邪念（悪い考え）をはっきりと区別する」ということなのです。

大きな問題に直面する時、人の心は乱れます。

頭の中が混乱して、どうしたらいいかわからなくなります。

いわば「正念」と「邪念」とがぐちゃぐちゃになって混ざり合っている状態です。

これでは、そこから「正念」だけを拾い上げたり、「邪念」だけを捨て去る、ということができません。

ゆえに、心や頭が混乱したまま、物事が停滞していく、ということになります。

ですから、大切なのは「分別する」ということなのです。

つまり、「正念」と「邪念」とを区別して、心と頭を整理するのです。

そうしてこそ、「邪念」を捨て、「正念」に従う、ということが可能になります。

そのために、「ノートに書き出す」という方法を試してもいいと思います。

「邪念」と「正念」という2つの項目に分けて、頭の中を駆け巡るさまざまな思いを、「これは正しい考えだ。これは悪い考えだ」という具合に区別してノートに書き出していきます。

そうすることで頭の中が整理され、心の乱れが静まっていきます。


心と頭が混乱していると、邪念を上手に捨てられない。

余計な心配事で「愉快な人生」が台無しになる

精神統一を妨げる邪念の一つに「心配」があります。

たとえば、「自分の人生は、この先どうなってしまうのだろう」ということを心配したとします。

しかし、ここで注意しなければならないのは、人生についていくら心配しても、自分の人生が好転していくことはない、ということです。

むしろ心配は「心の免疫力」を低下させます。

一つのことを心配すると、また別のことが心配になり、すると他のことも心配になる……といった具合になってしまい、心配が新たな心配を呼び覚まし、ついには心配の泥沼にはまり込んでいきます。

そうなるともうさまざまな心配事に心が疲労困憊《こんぱい》して、前向きに生きていこうという意欲さえ失いかねません。

思想家の中村天風《なかむらてんぷう》は、

「船に乗っても、もう波が出やしないか、嵐になりはしないか、それとも、この船が沈没しやしないかと、心配事ばかりしていたら、船旅の愉快さは何もなくなるだろう」

というようなことを述べました。

この言葉で、天風は人生を「船旅」にたとえています。

船旅が愉快なものであるのと同様に、人生もまた愉快なものであるはずです。

しかし、心配ばかりしていたら、愉快な人生を十分に楽しむことはできません。

ですから、余計なことを心配するのはやめて、「自分の人生にはこれから、どんな愉快なことがあるのだろう」ということを楽しみにしながら生きていくほうが賢明です。

そのほうが充実した人生になると思います。

これから起こる「愉快なこと」を楽しむ。

心配とは、その人の心が作り出すものである

心理学的に「心配とは何か」ということを定義すると、自分の安心を脅《おびや》かすようなことが起こるのではないかというような「否定的な情緒を伴った制御の難しい思考やイメージの連鎖」といったことになります。

ここで注目してほしいのは、心配とは結局「思考やイメージ」であるという点です。

つまり、心配とは「その人の心が作り出したもの」なのです。

心配していることは必ずしも「現実のもの」ではない、という点なのです。

現実に起こっていないことをあれこれ心配して自分自身が疲れきってしまうのは、とても無益なことではないでしょうか。

人が心配していることなど、実際には90パーセントは起こりません。

すなわち、90パーセントは取り越し苦労で終わってしまうものなのです。

ならば、自分に与えられている「今」という時間を現実的に楽しむことを優先するほうがいいと思います。

「心配だ」という考えを、「楽しもう」という考え方に転換するのです。

今を楽しむため現実的な行動を起こすのです。

友人と遊びに行ってもいいでしょう。

演劇を見に行ってもいいと思います。

家族でバーベキューを楽しむのでもいいのです。

そのようにして「現実に起こっていないことを心配する」よりも「現実を楽しむ」ということを心がけていくほうが、生きている幸せを実感できます。

そのほうが「心の免疫力」もアップするでしょう。


「今」を現実的に楽しむことを優先する。

「原因」がわかれば、それへの対処策も見つかる

「原因について考える」という心の習慣を持つことが、さまざまな邪念を捨て「心の免疫力」をアップするための方法の一つになります。

原因がわかれば、それに対処するための具体的な方法を見つけられます。

そして、具体的な方法が見つかれば、後はそれに対処すればいいだけなのですから、精神的に安定します。

たとえば、何か、これまで予想もしていなかったようなトラブルに見舞われたとします。

当事者とすれば当然、慌てふためくことになるでしょう。

しかし、そこで冷静になって「なぜこのようなトラブルが発生したか」という原因について考えてみます。

そして原因が見つかれば、それに対処する方策を取ればトラブルは解決します。

このように、解決へ向かって先を見通すことができれば、もう慌てることもないのです。

仏教には「因果《いんが》」という言葉があります。

「因」は「原因」、「果」は「結果」という意味です。

つまり「因果」とは、「この世で起こる出来事は、ある原因から生じる結果である」という真理を言い表しています。

わかりやすくいえば、「すべての出来事には、それが引き起こされた原因がある」ということです。

そして、「その原因について考えることで、これからより良く生きるにはどうすればいいかという解決策も見つかる」と、仏教は説いているのです。


「原因」がわからないから、人は慌ててしまう。

「考え方のクセ」が落ち込みやすさの原因になっている

「心の免疫力」が弱い人は、いったん落ち込むと、そこから立ち直って元気を取り戻すことがなかなかできません。

しかし、なぜそうなのかといえば、そこにも必ず「原因」があります。

たとえば、「落ち込むような経験をすると、『どうせ自分は何をやってもダメな人間なんだ』といったように、必要以上に自分を責める考え方のクセがある」というようなことです。

そして、そのような原因がわかれば、それへの具体的な対処策も見つかります。

気持ちが落ち込んだ時には、意識して自分を責めないようにし、むしろ反対に「これを乗り越えれば、明るい未来が待っている。自分にはこの事態を乗り越えるだけの力がある」と、自分で自分を励ますような考え方をする、といった対処もできるようになるのです。

そして、そのようなポジティブ思考が身につけば「心の免疫力」がアップします。

僧侶として、また作家として活躍した瀬戸内寂聴《せとうちじゃくちょう》は、

「世の中のあらゆる出来事や現象には原因と結果があります。これを因縁、因果といいます。私達は、常に新しい原因、良い縁を作って、良い結果を生むように努力したいものです」

と述べました。

とくに、「落ち込みやすい人」、また「落ち込んだら、なかなか立ち直れない人」は、ここで寂聴が言っているような「原因」について考えてみるのがいいと思います。

その原因とは、その本人の「考え方のクセ」にある場合も多いのです。

それがわかったら、その「クセ」を直せばいいだけなのです。

自分の「考え方のクセ」をポジティブ思考に変えてみる。

批判にも称賛にも「動じない心」を作っていく

仏教の創始者であるブッダの教えがよく表れているとされるお経の一つに『ダンマパダ』（法句経）があります。

この『ダンマパダ』の「賢い人」という章の中に、次のような言葉が出てきます。

「一つの大きな岩が風に揺るがないように、賢者は非難と称賛とに動じない」

というものです。

人は生きていれば、他人から批判されることがあります。

そして、自分がやっていることや考えていることを他人から批判されれば、その当人とすれば腹立ちや苛立《いらだ》ちを感じることでしょう。

しかし、その「腹立ちや苛立ち」といった感情は、その当人自身の心をかき乱す邪念となって、精神統一の妨げになります。

ですから、ブッダは、『賢い人』は、他人から批判されたとしても、そこで腹を立てたり、苛立ちを感じることなく、『一つの大きな岩が風に揺るがないように』平然としている」と語ったのです。

一方で、他人から称賛されることもあります。

もちろん称賛されることは、その当人にとってはうれしいことですが、そこで浮かれてしまったり、思いあがったりしてしまうこともあります。

しかし、そんな「浮かれた気持ち」や「思いあがり」も、やはり邪念となって、その当人の精神統一を妨げる原因になります。

ですから、ブッダは、たとえ称賛された時も、『賢い人』は、平常心を保っている」と説くのです。

この「動じない心」ということも「心の免疫力」を高めるコツになります。

「動じない心」があってこそ、精神統一が進む。

瞑想《めいそう》する習慣が「心の免疫力」を強くする

日常生活の中に「瞑想する時間」を取り入れることで、さまざまな精神的メリットが得られることがわかっています。

たとえば、

・感情を上手にコントロールできるようになる。
・ストレスや不安が軽減される。
・集中力がアップする。
・よく眠れるようになる。
・記憶力が向上する。

ここで注目してほしいのは、瞑想する習慣を持つことで「感情を上手にコントロールできるようになる」という点です。

つまり、日常生活の中で落ち込むようなことがあっても、上手に気持ちを入れ換えて、ふたたび前向きな意欲を取り戻すことができるのです。

また心配や不安に思うことがあっても、そのようなネガティブな感情を上手に消し去って、現実に即して生きていけるのです。

すなわち、瞑想は「体の免疫力」をアップさせる効果があるばかりでなく、「心の免疫力」を強化する上でも役立ちます。

ですから、日常生活の中で「瞑想する習慣」を持ってもいいのではないでしょうか。

瞑想する方法をあまり難しく考えることはありません。

たとえば、夜寝る前に、静かな環境の中で気持ちを落ち着け、自分の呼吸を意識しながら無心になります。

リラックスする音楽を聴きながらやってもかまいません。

時間的には5～10分程度でも効果があります。

瞑想によって感情のコントロールが上手になる。

心が動揺する時には マインドフルネスを試してみてもいい

瞑想は今、「マインドフルネス」という名称で世界的な流行になっています。

マインドフルネスは、東洋の禅やヨガを基本にして、それを一般の人にも簡単に実践できる方法として発展させた瞑想法です。

プロのテニスプレーヤーとして世界的に活躍するある選手も、日常生活の中にマインドフルネスを取り入れているといいます。

プロのテニスプレーヤーは、精神面でそうとうタフでないとやっていけないといいます。試合で負ければ当然落ち込みますが、次の大会がすぐ間近に迫っているのですから、早く気持ちを入れ換えなければなりません。

また、試合中にミスをして動揺してしまうこともあります。

そんな時も気合いを入れ直して集中力を取り戻さなければならないのです。

しかも世界中を回らなければならないので、それだけでも大変です。

そのような環境の中、何があっても平常心を保っていけるように瞑想、つまりマインドフルネスを実践しているのです。

一般の人も、日常生活の中でさまざまな雑念から感情が揺れ動いてしまうことがあると思います。

そのために心が上《うわ》の空になってしまい、やらなければならないことへの集中力が削《そ》がれてしまうのです。

そのような感情のアップダウンに対して「心の免疫力」を強化し、平静な気持ちで安らかな生活を送っていくためにも、瞑想やマインドフルネスを試してみるのもいいと思います。

瞑想やマインドフルネスで、安らかな生活が実現する。

「雑念を消し去る」のではなく「雑念を受け流す」

瞑想やマインドフルネスの基本は「無心になる」ことです。

人の「心の免疫力」を低下させてしまうような雑念を心の中から消し去る、ということです。

しかしながら、「瞑想している途中、いろいろな雑念が心の中に浮かんできてしまう」という人もいます。

「無心にならないといけない」と念じつつも、ともすると、「仕事のことや、人間関係の悩み事や、気がかりに思っていることが頭の中に浮かんできてしまう」というのです。

しかし、それはそれで、あまり気にしないでいいでしょう。

無理にそのような雑念を消し去ろうと思うと、かえって心が乱れてしまうこともあるからです。

そういう場合には、「雑念を消し去る」のではなく、「雑念を受け流す」ということを心がけるほうが賢明です。

たとえば、瞑想しながら「水が流れている様子」をイメージします。

そして、仕事のことや人間関係の悩み事といったことが思い浮かんだ時には、そんな雑念が水に運ばれて向こうへと流れていく光景をイメージします。

そのようにして雑念が浮かんでくるたびに、「水が流れていくイメージ」の中で、それを受け流していくのです。

それを繰り返しているうちに、不思議に心が安らぎに満ちてきます。

そして、日常生活の中でも、さまざまな雑念に対して「心の免疫力」が強化されていくのです。

「雑念が水に流されていく様子」をイメージする。

「心のとらわれ」から上手に逃れる方法とは

「とらわれ」という言葉があります。

ある一つの感情や考えにとらわれて、それをいつまでも引きずってしまう心理傾向を「とらわれ」といいます。

とくにネガティブな感情や考えにとらわれると、「心の免疫力」が低下して、落ち込んだまま元気を取り戻せない、ということになりがちです。

たとえば、人間関係がうまくいかず悩んでいるとします。

ともすると、その相手のことを考えてしまいます。

「あの人に嫌われてしまったのは、私の性格が悪いからだろうか」といったことを考えてしまうのです。

そのために集中力を失って、仕事でつまらないミスを繰り返したりします。

そして、いったんこのようなネガティブな感情や考えにとらわれてしまうと、人間関係がうまくいかないその相手のことをいつまでも忘れられなくなります。

そのうちに「心の免疫力」も低下して、自分の人間性に自信を失い、生きることが辛くなってくることもあります。

このような「とらわれ」から逃れるために大切なことは、嫌なことがあっても「それを受け流す」という心の技術を持っておくことです。

そして、この「受け流す」という心の技術は、瞑想やマインドフルネスによって養うことができるのです。

瞑想やマインドフルネスによって、日頃から「水の流れをイメージしながら、雑念を受け流す」というトレーニングを積んでおくことで、現実生活の中で嫌なことがあってもそれを上手に「受け流す」ということができるようになります。

瞑想によって「とらわれない」心のトレーニングを積んでおく。

第6章

「みんなで協力する」という意識を持つ

「みんなと協力する」ことで、「心の免疫力」が高まる

「みんなで協力し合う」ということで、「心の免疫力」が強まることが知られています。

心理学の実験で、次のようなものがありました。

イギリスの小学校で、生徒たちにある課題に取り組んでもらいました。

ただし、一人で課題に取り組むグループと、何人かで協力し合いながら課題に取り組むグループに分けて、両者にどのような違いが生じるかを観察したのです。

その結果、一人きりで課題に取り組んだグループは、途中で飽きてしまったり、あきらめてしまったりする生徒が多かったといいます。

一方で、何人かで協力して課題に取り組んだ生徒たちは、最後まで課題をやり遂げるケースが多かったというのです。

この実験の結果からわかったことは、「みんなで協力し合う」ということは、「飽きた」とか「あきらめる」といったネガティブな感情に対する「心の免疫力」を高める、ということだったのです。

この実験結果は、もちろん一般の人たちの「勉強」にも参考になる点があると思います。勉強がなかなか進まずに、やる気を失っている人もいるかもしれません。

そのような時は、もちろん一人で勉強を進めることも大切だと思いますが、クラスメートや同じ試験を受ける仲間などと励まし合ったりして、「みんなで勉強する」という時間を作ってもいいかもしれません。

そうすることで、ネガティブな感情に振り回されて、やる気を失ってしまうことなく、大きな成果を出すことが可能になります

みんなと励まし合って勉強する時間を作る。

関係者とのコミュニケーションをよく取るように心がける

ある女性は、フリーランスのイラストレーターとして活躍しています。

基本的に、自宅で一人で仕事をしています。

しかし、一人で仕事をしていると、何か思うようにならない事態に直面するたびに、仕事を投げ出してしまいたくなるといいます。

つまり、「心の免疫力」が弱まってしまうのです。

従って彼女は、「心の免疫力」が弱まらないように、日頃から「よくコミュニケーションを取る」ということを心がけています。

イラストの発注先である出版社やデザイン事務所の担当者と、電話やインターネットを使ったビデオ通話などで頻繁《ひんぱん》にコミュニケーションを取るようにしています。

また、同業者であるイラストレーターの知り合いなどとも電話で話したり、直接会って情報交換をしたり、励まし合ったりしています。

そうすることで、「けっして一人きりで仕事を進めているのではなく、みんなで協力しているという気持ちになれる」というのです。

そして、「自分を支えてくれている人がたくさんいる」という安心感から、ネガティブな感情に心を乱されることなく、精力的に仕事を進めていける、というのです。

プライベートでも、彼女は結婚してお子さんもいるのですが、家族とのコミュニケーションも大切にしています。

家族とは自分の仕事の話をするわけではないのですが、しかし、家族との会話も仕事への大きな励みになっている、というのです。

一人で仕事をしていても、このような工夫で「心の免疫力」をアップできます。

工夫次第でコミュニケーションの機会は増えていく。

「社会的促進」によって「心の免疫力」を高める

心理学に、「社会的促進」という言葉があります。

この言葉は、一人で物事を進めるよりも、何人かで集まって物事を進めるほうが効率がアップし、また大きな成果を出せるということを意味しています。

アメリカにノーマン・トリプレットという心理学者がいました。

彼は自転車レースが好きで、よく自転車の競技場へ行っていました。

彼は、ある時、次のようなことに気づきました。

「タイムを競うために一人で走っている人よりも、着順を決めるため何人かで競い合って走っている人の自転車のほうが、よりスピードが出ているようだ」

そこで彼は科学的に、そのことを実証しようと試みました。

そしてたしかに、何人かで競い合っている時のほうが、自転車のスピードが速いということが裏づけられたのです。

そこから彼は、

「人間には、何人かで集まって物事を進めるほうが効率的で成果も大きい傾向がある」という説を唱え、そのような傾向は「社会的促進」と名づけられたのです。

たとえば、学生だった時に、「家で一人で勉強をするよりも、図書館のほうが勉強がはかどった」といった経験を持つ人もいるのではないかと思います。

図書館では、たくさんの学生たちが勉強しています。

「勉強をしている学生たちの姿」を見るだけでも励みになり、「自分もがんばって勉強しよう」と、やる気をかき立てられるのです。

これも「社会的促進」と呼ばれる心理効果です。

「心の免疫力」を高める意味でも、この「社会的促進」は役立つと思います。

同じ目標に向かって努力している人たちと一緒になって努力する。

多くの仲間がいてこそ、多くの苦難を乗り越えていける

エッセイスト、また、タレントとして活躍した人物に、永六輔《えいろくすけ》がいます。

彼は、こう述べました。

「植物も人間と同じで、仲間がいないと生きていけません。孤立した植物は枯れるのが早いです」

多くの植物は寄り集まって生えています。

樹木なども林や森を形成しています。

いわば「仲間でまとまっている」のです。

そうすることで、たとえば強い風が吹いても、大雨が降っても、それに耐えて生き抜くことができます。

孤立している植物は、強い風が吹けば飛ばされ、大雨が降れば根こそぎ流されて枯れてしまうことになりやすいのです。

そして、永六輔は、この言葉で、「人間も同じだ」と指摘しています。

人間も、植物と同じで、孤立していると、不運なことに遭遇したりすると、そこで挫折することになりやすいのです。

仲間がいてこそ、お互いに支え合って、生きていくことができるのです。

永六輔は、組織には属さず、個人として活動していました。

しかし、彼の周りには多くの「仲間」がいました。

だからこそ、そんな仲間に支えられて、多くのヒット曲を作詞し、ベストセラーになった本を執筆し、また、テレビの世界などでも活躍することができたのでしょう。

仲間がいてこそ、苦難を乗り越えていけます。

仲間がいてこそ、苦難というものへの「心の免疫力」が強化されます。

自分の周りにいる仲間の存在を大切にしていく。

「結束することの大切さ」を教えてくれる「3本の矢」

戦国時代の武将に、毛利元就《もうりもとなり》がいます。

この元就には「3本の矢」という逸話があります。

元就にはたくさんの子どもがいましたが、中でも3人の息子を自分の後継者として見込んでいました。

ある日、元就は、この3人の息子を呼び寄せました。

そして、各自に1本の矢を持たせて、「それを折ってみなさい」と命じました。

3人の息子は、それぞれ容易《たやす》く矢を折りました。

すると元就は、3本の矢を束ねて、それぞれの息子に渡して、それを折るように命じました。

しかし、3本の矢を束ねてあるので強度が増し、3人の息子はそれを折ることができませんでした。

その様子を見ていた元就は、3人の息子たちに説きました。

「おまえたちがバラバラになっていたら、他の武将に攻められてこの国は亡《ほろ》びるだろう。しかし、3人が結束していれば、他の武将に攻められることがあっても、この国は亡びることはないだろう」

つまり、元就は、この「3本の矢」という逸話によって、「仲間が結束していくことの大切さ」を説いています。

仲間が結束することによって、困難に見舞われても、それを跳ね返す一人一人の「心の免疫力」が強まる、ということです。

バラバラでは、人の心は「簡単に折れて」しまう。

一人一人の力を結集させることで、それは「大きな力」となる

仏教の創始者であるブッダが、仏教の教えを広めるために現在の北インドの地を歩き回っていた当時、多くの弟子たちがブッダにつき従っていました。

また、ブッダも、一人きりではなく、多くの人たちが集まって協力し合いながら修行を進めていくことを奨励していました。

それは、人々が協力して進めていくほうが、一人一人の修行者にとって「悟りを得たい」という意欲がさらに強化される、とブッダは考えていたからです。

また、修行の途中に辛いことや悩ましいことがあった時、みんなで励まし合うことで、その修行者の「心の免疫力」が強化され、力強く困難を乗り越えていける、とブッダが考えていたからなのです。

従って、そんなブッダのエピソードを参考にしながら、一般の人たちも「一人でがんばる」よりも「みんなで協力して、がんばっていく」ということを心がけていくほうが賢明だと思います。

ところで「協力」という言葉には、次のような意味合いがあります。

まず「協」という文字の「十」には、「結集させる」といった意味があります。

つまり、「協」とは、「3つの力を結集させる」ということなのです。

そのようにして多くの力を結集させることで、さらに「新しい、強い力が生み出される」ということを、この「協力」という言葉は示しています。

ブッダも、人々が協力していくことの、このような効用をよく承知していたのでしょう。

そういう意味から、「多くの人たちが力を結集して、協力しながら修行を進める」ことの大切さを説いたのです。

「一人でがんばる」よりも「みんなでがんばる」ほうがいい。

「好かれる人」になってこそ、「良い仲間」を増やせる

身近に良い仲間がいることによって、「心の免疫力」は高まります。

では、どうすれば良き仲間を得られるのかといえば、それは第一に「多くの人たちから好かれる」ということが必要条件になります。

多くの人から嫌われているような人が「良い仲間」を得られるわけがありません。

従って「良い仲間」を得るためには、まずは「好かれる人」になることを目指すのがいいと思います。

思想家である中村天風《なかむらてんぷう》は、こう述べました。

「他人に好かれようと思ったら、何よりも自分があまり好き嫌いのないようにすることです」

自分の好き嫌いで、人とつき合おうとするタイプの人がいます。

自分が「あの人は好きだ」という相手とは、仲良くつき合うことができます。

しかし、「あの人は嫌いだ」という相手とは、つき合いを避けようとします。

しかし、このような態度では、多くの「良い仲間」は得られません。

相手を嫌えば、相手もまた自分を嫌ってきます。

そうなれば、敵を増やすことになってしまいます。

そういう意味では、誰に対しても優しい好意を持ち、たとえ性格が合わない相手であっても尊重する気持ちを持って人とつき合っていくほうが得策です。

そういう態度が多くの人から好かれ、また、「良い仲間」をたくさん得るためのコツになります。

そして「良い仲間」が増えることは、自分の人生にとっても有益なのです。


「好き嫌い」で人とつき合わないほうがいい。

「誠意・愛情・和」をもって、人とつき合っていく

思想家の中村天風は、

「真（誠）善（愛）美（和）を本位とする思考を以って、自己の精神生命の現実の姿とすることに努めることである」

と述べました。

非常に哲学的な言葉ですが、この中村天風の考え方は「人との接し方」を考える上でも参考にできるように思います。

まず「真（誠）」です。

これは「真実」ということでしょう。

天風は、この「真」という言葉の後に、カッコに入れて「誠」という言葉を置いていま

す。

これは、「誰に対しても『誠意』を持ってつき合っていくことを、自分の『真実の姿』にすることが大切だ」と、説いているのではないかと思います。

また、「善（愛）」という言葉で、天風は、「人間にとっての『善行』とは、優しい『愛情』を持って人とつき合っていくことだ」と、説いていると思います。

そして、「美（和）」という言葉で、「周りの人たちとの『和』を大切にして生きていくことこそが、人間にとっては『美しい生き方』になる」と、説いていると思います。

このようにして「真」「善」「美」、すなわち「誠意」「愛情」「和」ということを心がけて人とつき合っていくことが、多くの人たちから慕われ、また、尊敬されるコツになります。

そうなれば当然、「良い仲間」に支えられ、困難に負けない「心の免疫力」も強化されます。

「誠意・愛情・和」がある人は、多くの人から好かれる。

「話し合う」ことを手間に思わずに、みんなで進んでいく

「早く行きたければ、一人で行く。

遠くまで行きたければ、みんなで行く」

という格言があります。

「みんなで協力して物事を進めていこう」という時には、「みんなで話し合って、意思疎通を図る」ということが必要になってきます。

そういう手間があるので、物事を進めていく速度は、それほど速くはならないのかもしれません。

ですから、物事を速く進めるには、一人でやるほうがいいのでしょう。

「みんなと話し合う」という手間がかからず、自分の判断だけで物事を進められますので、

その分速く物事を進められます。

しかし、この格言は「一人では、遠くまでは行けない」と指摘します。

ここでいう「遠くまでは行けない」とは、言い換えれば、「大きなことを成し遂げられない」という意味です。

一人で進む場合、「心の免疫力」が弱まってしまうので、困難にぶつかった時に、それを乗り越えられずに心が折れてしまうことになりやすいのです。

ですから、進む速度は速いのかもしれませんが、最後まで行き着けず、大きなことを成し遂げられないのです。

もし大きなことを成し遂げたいのであれば、みんなで力を合わせ、みんなで励まし合い、みんなで協力し合って進んでいくほうが賢明です。

一人だと、進む速度は速くても、大きなことは成し遂げられない。

勉強へのやる気を持続するには「みんなでやる」のがいい

社会人になってから、自己啓発のために何かの勉強を始める人がいます。

コンピューターのプログラミングを学んだり、英会話の勉強をしたり、何かの資格を取るための勉強を始めるのです。

しかし、途中でやる気を失って挫折してしまう人もいるようです。

社会人が、仕事をしながら勉強をするということは、それほど簡単なことではありません。

仕事が忙しければ、勉強をする時間を確保するのも大変だと思います。

また、仕事の疲れが残っていれば、勉強に集中できなくなる、という場合も出てくるでしょう。

そのような理由から、途中で挫折することにもなるのです。

では、意欲を保って勉強をし続けるにはどうすればいいかといえば、その方法の一つに「社会的促進」という心理効果を利用する、ということがあると思います。

たとえば、「専門学校に入る」というものがあります。

専門学校で、社会人向けに何かを学ぶ教室を設けている所もあると思います。

あるいは、「志《こころざし》を持つ人たちが集まる勉強会に参加する」という方法もあるのではないかと思います。

そのような有志の勉強会であれば、無料で開催されているケースもあるようです。

とにかく、「一人きりで勉強を続ける」という人は「途中で挫折する」というケースが多くなる傾向があるようです。

一人では、どうしても「心の免疫力」が弱まって、途中であきらめてしまうことになりがちなのです。


一人で勉強を続けると、途中で挫折する可能性が高くなる。

趣味は「みんなで楽しむ」ことで、その楽しみがさらに増す

人生を充実させるために、趣味を楽しんでいる人もいると思います。

一般的に、趣味は男性よりも女性のほうが長続きする傾向があるようです。

男性は、趣味を始めても、途中で飽きて投げ出してしまう人もいます。

その理由は、女性のほうが「仲間を作るのがうまい」という点にあるように思います。

水彩画を描くにしても、登山を始めるにしても、俳句を作るにしても、女性はその趣味を好きな人たちが集まる教室やサークルに参加して、「みんなで楽しもう」という意識が強いのです。

趣味の仲間同士で集まって、楽しくオシャベリをしながら趣味を楽しみます。

また、仲間同士で、難しいところを教え合います。

また、お互いに良いところをほめ合います。

このように仲間で協力し合うことで、楽しい趣味をさらにいっそう楽しむことができるようになります。そして、楽しいからこそ、長続きするのです。

一方で、男性は、女性と比べると、仲間を作らずに一人で趣味を楽しむ、という人が多いようです。

もちろん、一人でも趣味を楽しめると思いますが、ただし「仲間と一緒に趣味を楽しむ」という女性に比べると、その「楽しさ」は弱いのです。

そのために、途中でその趣味に飽きてしまうことになりやすいのです。

そういう意味では、男性も、趣味の会に入会するなどして仲間を作る努力をすると、長続きするのではないでしょうか。

そうすることで「飽きる」ということに対して「心の免疫力」が強まります。


一人でやると、途中で「飽きる」ことになりやすい。

第7章

ストレス管理が上手い人は困難に強い

過剰なストレスが「心の免疫力」を弱めてしまう

ストレスがさまざまな病気の原因になることが知られています。

たとえば、ストレス過重の状態にあると体の免疫力が弱まって、カゼを引きやすくなります。

また、ガンなどにも、ストレスが影響しているといわれています。

ところで、ストレスは「体の免疫力」ばかりではなく、「心の免疫力」を弱める原因にもなります。

たとえば、仕事が忙しくてストレスが溜まっているとします。

そんな時に、つまらないミスをして上司から叱られます。

心が元気な時には、上司から叱られることがあっても、反省してからすぐに気持ちを切り替えて、ふたたび仕事にまい進することができます。

しかし、過剰なストレスから「心の免疫力」が弱っている時には、いつまでもメソメソと思い悩んでしまうことになりがちです。

さらに、自分の将来について悲観的な考えに陥ったり、仕事へのやる気を失ったりすることにもなります。

言い換えれば、上手にストレスを解消していくよう日頃から心がけていくことが「心の免疫力」をアップするコツになるのです。

生きている限り、ストレスは避けられません。

多かれ少なかれ、人はさまざまなストレスにさらされながら生きています。

ただし、そのストレスが自分の心にとって重い負担とならないように工夫することは可能です。

自分ならではのストレス軽減法を工夫することで、「心の免疫力」を維持できます。


ストレスは避けられないが、ストレス軽減は可能である。

「人生の変化」に疲れを感じた時には「ゆっくり休む」ほうがいい

人は人生の中でさまざまな「変化」を経験します。

そして、「変化」が人にとっては強いストレスになります。

たとえば、人事異動の命令を受けて、慣れ親しんだ職場から、まったく新しい環境に身を移す、ということもあると思います。

順風満帆《じゅんぷうまんぱん》にいっていた仕事が、あるトラブルに見舞われて、突然窮地に陥る、ということもあるでしょう。

私生活でも、パートナーと離婚したり、あるいは死別したりして生活環境が一変する、ということもあります。

そのようにして人の人生とは、自分がまったく予想もしていなかった方向へ向けて刻々と変化していくものなのです。

そのような変化に適応していくことは、人間にとって強いストレスになります。

心にとっては「重い負担」になるのです。

そして、その「重い負担」をそのまま放置しておけば「心の免疫力」が弱まって、落ち込みやすくなったり、悲観的な気持ちになりやすくなります。

人生の変化を経験し、そして、それが強いストレスになっている……という自覚がある時は、まず大切なのは「休む」ということだと思います。

ストレスから疲れきっている心を、まずは、ゆっくりと休めるのです。

休めば、心にはまた元気が戻ってきます。

そして、心に元気が戻ってくれれば、環境の変化に上手に適応していくことも可能になるでしょう。

心が疲れたままでは、環境の変化についていけません。

「人生の変化」は、人間にとって大きなストレスになる。

「がんばり過ぎ」より「休み休み、がんばる」ほうがいい

精神医学に「昇進うつ」というものがあります。

勤めている会社で、課長や部長といった役職に昇進することがあります。それは本来喜ばしいことのはずなのですが、そんな昇進をきっかけにして気持ちが落ち込むようになり、いわゆる「うつ状態」になってしまうのです。

それが「昇進うつ」と呼ばれる症状です。

「昇進」というのも、本人にとっては「大きな環境の変化」になります。

まず、これまで以上に、周囲からの「期待」が集まるようになります。

本人としても、「期待に応えるために、大いにがんばろう」と、さらにいっそうやる気をかき立てられます。

もちろん、やる気になるのは良いことです。

しかし、そのために「がんばり過ぎてしまう」ということもあるでしょう。

自分の体力や精神力の限界を上回るまでがんばってしまうと、その結果、強いストレスにさらされるようになります。

そのために「心の免疫力」がますます低下して、落ち込みやすくなったり、また、その落ち込んだ気持ちを長く引きずってしまうことになります。

いわゆる「昇進うつ」の症状が出てくるのです。

そうならないために大切なのは、まず「人間は環境の変化に対応するのが、それほど上手ではない」ということを理解しておくことだと思います。

ですから、「期待に応えたい」とやる気になるのもいいのですが、一方で、「無理をせずに、一歩一歩、着実に期待に応えていけばいい」と、冷静に考えていくほうが賢明です。

昇進が大きなストレスになることもある。

「責任感が強い人」ほど、がんばり過ぎてみずから潰《つぶ》れてしまう

ある会社の広報部門で働いている女性がいました。

彼女はとても優秀だったので、広報部門の責任者を任されることになったのです。

彼女は以前から責任ある役職に就くことを望んでいましたから、その昇進はもちろん喜ばしいことでした。

ただし、その昇進は、彼女に大きな「環境の変化」をもたらすことになったのです。

広報という仕事は変わらなかったものの、責任者となったからには部下たちのマネージメントという仕事が新たに加わりました。

そのため、これまで以上にリーダーシップを発揮しなければなりません。

また、マスコミへの対応などこれまで以上に忙しくなり、毎日夜遅くまで残業するよう

になりました。

やがて彼女自身、「責任者として早く実績を出したい」という気持ちの焦りを強く感じるようになりました。

そのようなことが過剰なストレスとなって「心の免疫力」を下げ、彼女は「昇進うつ」の症状をきたすようになったのです。

このような「昇進うつ」になりやすい人の性格としては、「責任感が強い」「まじめで誠実」ということが挙げられます。

もちろん、これは悪い性格ではなく、むしろ称賛されるべき性格でしょう。

しかし、一方で、この性格のために「自分に与えられた責任を果たさなければならない」と、がんばり過ぎてしまうこともあります。

こういう性格の人は、日頃から「がんばり過ぎ」に注意して、「疲れたら、適度に休む」ということを心がけるほうが賢明です。


自分の性格の弱点を知って「がんばり過ぎ」に注意する。

心身が「サビた斧《おの》」になっていないか反省してみる

『イソップ物語』に、「木こりと旅人」という話があります。

ある旅人が森の中を歩いていました。

すると、一人の木こりが木を伐《き》っているところに遭遇しました。

その木こりは大汗を流して、息をゼイゼイいわせながら、斧をふるって木を伐っていました。

しかし、一生懸命になっているわりには、木はなかなか倒れません。

旅人は、木こりが持っている斧がサビついていることに気づきました。

サビた斧では、木が伐れないはずです。

そこで旅人は木こりに語りかけました。

「木こりさん、少し手を休めて、斧を研《と》いだらどうですか」

すると、木こりは怒って言い返しました。

「何を言ってるんだ。オレは忙しくて、休んでいる暇なんてないんだ」

この話に出てくる「サビた斧」は、「がんばり過ぎてボロボロになった心身」の比喩《ひゆ》と見なすことができると思います。

そんな「ボロボロになった心身」では、努力が空回りするばかりで、効率的に物事を進めていくことはできません。

そうなると「がんばっているわりには、成果が出ない」ということになります。

ゆえに、旅人は「少し手を休めて、斧を研いだほうがいい」とアドバイスしたのです。

少し休めば、「心身」に元気が戻ってきます。

そうすれば大きな成果を効率的に出すことができるようになります。

心身が元気であるから、効率的に物事を進められる。

自分の「分」を知り、「分」を超えないように注意する

思想家の中村天風《なかむらてんぷう》は、「自分の『分《ぶん》』を知っておくことが大切だ」と指摘しました。

ここでいう「分」とは、「自分の実力」という意味です。

彼は、次のように述べました。

「自分の〝分〞を知らなけりゃ、（中略）ろくな仕事はできないし、不渡りを食う結果がくるのだ。五貫目《かんめ》（筆者注：５貫目＝約18・75キログラム）の力しかないのに、十貫目のものを持ち上げると、どんな結果になるか、ということを考えることだ」

「どんな結果になるか」といえば、たとえば腰や肩を痛めてしまう、ということです。

どんなに能力に恵まれている人であっても「自分の限界」というものがあるのです。

そんな「自分の限界を知る」ということが、ここで天風が述べている「分を知る」とい

うことです。

しかし、人は時に、その「分」、つまり「限界」を超えてまで無理なことを重ねようとします。

そうなると、どこかで体や心が悲鳴をあげることになります。

つまり、心身のどこかに支障が生じてしまうのです。

天風は、「自分の力の限界というものがどの程度のものなのかと自分自身でよくわきまえて、その限界の範囲内で無理なく努力していくことが大切だ」ということを、この言葉で説いているのです。

それが「心と体の健康」を保持していくコツになります。

「分」を超えて無理をすれば、心身に支障が生じる。

「敵を知り、己を知る」ことで、心の健康が保たれる

中国の古典である『孫子《そんし》』に、

「彼（敵）を知り己《おのれ》を知れば百戦殆《あや》うからず」

というものがあります。

この言葉は、戦争における「戦い方」について述べられたものですが、これは現代人の「働き方」について考える際にも参考になる点があると思います。

たとえば「敵」という言葉を、「取り組むべき仕事」と見なすことができると思います。つまり「敵を知る」とは、「これから自分が取り組む仕事は、どの程度難しいものなのかをよく知っておく」ということです。

一方で、「己を知る」とは、その仕事に対して「自分にはどの程度の能力が備わってい

るのかよく知っておく」ということです。

つまり、仕事の難易度と、それに対する自分の能力をよく知っておけば、「自分の能力に合わせて、その仕事を無理なく達成できる方法」について考えることができます。

そうすれば、「能力以上に無理なことをする」ということを避けられるのです。

それでこそ「百戦殆うからず」、つまり「安全な方法で、満足のいく仕事を達成できる」ということなのです。

もしそこで「己を知らず」に無理なチャレンジをしようとすると、思うようにならないストレスばかりが溜まっていって、「心の免疫力」が低下します。

すなわち、落ち込みやすくなったり、悩みをいつまでも引きずる……ということになるのです。

「敵を知り、己を知る」ということで、健康的な心を保ちながら、最後まで元気に仕事を成し遂げることができます。

何かにチャレンジする前に、自分の実力の程度をよく知っておく。

「牛になりたがるカエル」になると、結局は自分が破滅する

人間には、向上心があります。

「人間として、より大きな存在になりたい」という欲求があるのです。

もちろん、このような向上心を持つことは良いことです。

ただし、無理に「自分を大きく見せよう」と思うのは禁物です。

無理なことをすれば、その向上心自体が無益なことになってしまうからです。

「心の免疫力」も低下して、かえって、自分を大きな存在に成長させていきたいという意欲も失うことになるでしょう。

従って、無理することなく、少しずつ地道に、自分を大きな存在へと成長させていこう……と心がけることが大切です。

『イソップ物語』に、「カエルと牛」という話があります。

一匹のカエルは、自分よりも何倍も体が大きい牛に憧れていました。

牛の姿を見るたびに、「自分も、あのような大きな存在になりたい」と思ったのです。

ある日、そのカエルは、「息を一杯吸い込んで、お腹を膨らませれば、牛のように大きな存在になれるかもしれない」と思いつきました。

そこで、お腹一杯に空気を吸い込みました。

しかし、牛のように大きな存在にはなれませんでした。

そこで、また、お腹一杯に空気を吸い込みましたが、牛のように大きくはなれません。

そこで、また、空気を吸い込み……といったことを繰り返しているうちに、空気で膨らみ過ぎたカエルのお腹はとうとう破裂してしまいました。

この話は、自分の実力を知らずに、無理をしてまで大きな存在になろうとすると、結局は自分がダメになる、ということを示しています。


自分の能力の限界を知りながら、大きな存在へ成長する。

「イライラが止まらない」のは「心の免疫力」が弱まっている証《あか》し

「ちょっとしたことで、すぐにイライラしてしまう」

「イライラする気持ちを自制できなくなることがある」

これは「心の免疫力」が低下した時に陥りやすい精神状態の例です。

普段なら何でもないことなのに、自分でも抑えられないくらいイライラが高じてしまうのです。

たとえば、何かアクシデントがあって、電車が遅れます。

電車が遅れることなど、それほど珍しいことではありませんし、普段であれば、さほど気にすることなく平静心でやり過ごすことができるのです。

また、電車が少し遅れたからといって特別困ることもないのです。

それなのに、気持ちがイライラしてきます。

イライラを止められなくなります。

このように「普段は何でもないことに、なぜかイライラが止まらなくなる」というのは「心の免疫力」が弱まっている証しなのです。

何か原因があると思います。

「忙し過ぎてストレスが溜まっている」とか、「計画していたことが予定通りに運ばずに悩んでいる」といったことです。

そのストレスや悩みが「心の免疫力」を弱める原因になっているのです。

従って、そのような時は、ストレス解消のためにゆっくり休養を取ったり、あるいは、悩み事を忘れるために好きな映画を見たり、体を動かしたり、音楽を聴いたりして気分転換をするのがいいと思います。

そうすれば「心の免疫力」も回復しイライラすることも減るでしょう。


イライラが止まらない時は、好きなことをして気分転換する。

自分なりの「心が癒やされる場所」を作っておく

アメリカの思想家であるジョセフ・マーフィーは、イライラが止まらなくなったら、心身が癒やされる場所に身を置けば、ことのほか気分爽快《そうかい》になる、と述べました。

この言葉にある「心身が癒やされる場所に身を置く」ということも、弱まった「心の免疫力」を回復する方法の一つになります。

たとえば、自然豊かな公園に行きます。

公園の中を散歩しながら、木々の緑に目を癒やし、小鳥の声に耳を癒やします。

また、吹く風の心地よさに心を癒やすのです。

そのような癒やしの時間の中で気分爽快になり、「心の免疫力」も回復していきます。

ちょっとやそっとのことで「イライラが止まらなくなる」ということもなくなるでしょ

う。

ある男性は「お気に入りのカフェ」が、彼にとっての「癒やされる場所」といいます。

ですから、心が乱れてイライラが止まらなくなったような時には、お気に入りのカフェに足を運び、そこでゆったりとした一時を過ごすのです。

すると、精神的にとても安らかになっていくようです。

そんな習慣を持つ彼は、心穏やかな生活を続けています。

「心の免疫力」を健康的に保持していくためにも、この男性のように、自分ならではの「癒やされる場所」を作っておくのがいいでしょう。

癒やされる場所で心を休めれば、元気が戻ってきます。

「癒やされる場所」が、その人の「心の健康」を育む。

身の周りに「心を癒やしてくれるもの」を探してみる

禅の言葉に、「閑坐《かんざ》して松風《しょうふう》を聴く」というものがあります。

気がつけば、松林を風が通り抜けていく音が聴こえています。

その風音がとても趣《おもむき》があっていいのです。

「心静かにして座り、松風の音にじっと耳を傾ける」というのが、この禅の言葉の意味です。

そうやって風の音に聴き入っているうちに、自然に心が癒やされていくのです。

ところが、イライラが募って「心の免疫力」が弱まっている時は、すぐ近くで風が良い音を立てて吹いていても、それに気づくことができません。

「風」ばかりではありません。

足元に美しい「花」が咲いていても、それに気づくことができずに見逃してしまいます。空に美しい「虹《にじ》」がかかっていても、やはり見逃してしまいます。

自分の身の周りに注意を払ってみれば、実は「風」や「花」や「虹」など、心を癒やしてくれるものがたくさんあるのです。

ですから、「イライラする」という自覚症状をおぼえた時には、気持ちを落ち着けて自分の周りを見回してみるのがいいと思います。

そして「心を癒やしてくれるもの」が見つかったら、心静かにそれに耳を傾け、そして、しばらくの間、それを眺めているのです。

そうやって心が癒やされていけば、自然にイライラも消えていくでしょう。

当然、「心の免疫力」も回復します。

「心を癒やしてくれるもの」を見逃さない。

第8章

「セルフコントロール」が将来を決める

「セルフコントロール」の技術を身につける

「セルフコントロール」という言葉があります。

人間の感情は、一日の生活の中でさまざまに動き回ります。

一人の人間が生きているということは、言い換えれば、「感情が生きている」ということを意味します。

そして、人間の肉体が活発に動き回るように、「感情」も動き回るのです。

つまり、時には落ち込んだり、悲しい気分になったり、かと思えば、訳もなく浮かれた気分になったり……ということを繰り返します。

しかし、そんな感情が動き回るままに任せておく、ということは良くありません。

その時々の感情に振り回されて、規律のある生活ができなくなってしまうからです。

とくに、自分の夢や目標を実現するために努力していこうという時には、時々の感情を上手にコントロールする技術を身につける必要があります。

この「感情を上手にコントロールする」ということを、心理学では「セルフコントロール」といいます。

このセルフコントロールの技術が身についていないと、「怠《なま》けたい」「もう嫌だ」といった時々の感情に負けて、夢や目標を達成することなど不可能になるでしょう。

ただし、このセルフコントロールを「私には難しい」と思うことはありません。

それには、いくつかの簡単な方法があるからです。

たとえば、「ネガティブ言葉をポジティブ言葉に置き換える」という方法があります。

「怠けたい→でも、がんばろう」

「もう嫌だ→あともう少し」

このように、心を占めているネガティブな感情をノートに言葉にして書き出した後に、ポジティブな感情に書き換えることで、気持ちが整理されて意欲が戻ってきます。

「ネガティブ言葉」を「ポジティブ言葉」に置き換える。

「尊敬できる人」の人生を、自分自身の人生の励みにする

「セルフコントロール」という、自分の感情をコントロールする能力を身につけることで、ネガティブ感情に対する「心の免疫力」が高まります。

また、それが幸福な人生を実現するコツになります。

では、この「セルフコントロール」の能力を高める方法にどんなものがあるのでしょうか。

たとえば、その方法の一つに、

「人生の手本となるような尊敬する人を持つ」

というものがあります。

身近な人の中で尊敬する人物を探してもいいですし、あるいは、歴史上の人物でもいい

と思います。

そういう「尊敬できる人」がいれば、自分の心が折れそうになった時に、「あの人はたくさんの困難を乗り越えて偉大なことを成し遂げた。自分もこんなことで負けていられない」と、自分に言い聞かせることができます。

尊敬できる人の人生を、自分自身の人生の励みにするのです。

そうすることで苦しい状況にある時の「心の免疫力」が強化されます。

弱気になる感情を上手にコントロールすると、勇気を持って前進していけます。

ある女性の人生の手本となる人は、彼女自身の母親だそうです。

彼女の母親は60歳で定年退職するまでバリバリ仕事を続けたキャリアウーマンでした。

そして、彼女もある会社で仕事をしているのですが、心がくじけそうになった時には、彼女と同じように仕事で苦労してきた母親のことを思って「心の励み」にしているのです。

「セルフコントロール」の能力が、本当に幸福な人生を実現する。

「見える化《か》」によって、「怠《なま》けたい」という感情を退ける

「怠けたい」

「ダラダラしたい」

「努力なんてしたくない」

といった感情は、おそらく、人間に本質的に備わっているものではないかと思います。

ですから、この「怠けたい」という感情をそのまま放置しておくと、その人はいつまでもダラダラと怠けてばかりいる……ということになりかねません。

言い換えれば、「怠けたい」という気持ちを上手にコントロールすることができなければ、人間的に成長できないのです。

では、どうすれば「怠けたい」という気持ちを上手にコントロールすることができるか

といえば、その方法の一つに「見える化」があります。

たとえば、会社の営業部などでは、販売実績などをグラフや表にして貼り出している所があります。

すると、営業部員などは自分の実績の伸びを日々視覚的に確認できます。

少しずつ自分の実績が増えていくところを視覚的に確認できれば、「もうひと踏ん張りして、さらに実績を上積みしよう」という意欲をかき立てられます。

「怠けたい」という感情に対して「心の免疫力」を強化することもできます。

ただし、一方で、実績を視覚化すると、「自分の実績が伸び悩んでいる」ということも一目瞭然《いちもくりょうぜん》でわかってしまいます。

しかし、それはそれでライバルと自分の実績を比較して、「あの人には負けていられない。私もがんばらないといけない」という励みになる場合もあります。

これも「見える化」の効果の一つといえるでしょう。

自分の努力の足跡を「見える形」にしておく。

セルフコントロール能力が高い人は「人生の満足度」も高い

アメリカの大学の研究で、「セルフコントロール能力が高い人は、自分の人生への満足度も高い」ということがわかっています。

なぜ「人生への満足度も高い」のかといえば、それは「より多くのことを達成できるから」だと思います。

言い換えれば、数多くの夢を叶えることができる、ということです。

また、周りの人たちを驚かすような、大きなことを成し遂げることもできるからでしょう。

さらに、セルフコントロール能力が高い人は収入も多く、健康寿命も長い……ということも研究でわかったといいます。

そういう意味からいえば、本当に幸せな人生を実現するために、この「セルフコントロール」という能力はぜひ身につけておくほうがいいと思います。

このセルフコントロール能力を高める方法の一つに、「がんばった後の楽しみを作っておく」というものがあります。

たとえば、「がんばったごほうびに、今度の休日には仲の良い友人と旅行に行く」という計画を立てておきます。

そういう楽しみがあれば、「休日がやって来るまでは、一生懸命になってがんばろう」という意欲がさらに高まります。

「辛い仕事を怠けたい」という感情に負けそうになることがあっても、「休日には楽しいことが待っているんだから、今はがんばらないといけない」と、自分の心を奮《ふる》い立たせることができるのです。

つまり「楽しい計画」があることで「心の免疫力」も高まります。

がんばった後の「楽しい計画」を立てておく。

自分なりのルーティンを作って、自分に気合いを入れる

「ルーティン」という言葉があります。

この言葉は、「習慣化された、ある決まった動作」ということを意味します。

心理学では、このルーティンを上手に活用することで、やる気が増進され、また、セルフコントロール能力が強化されることが知られています。

たとえば相撲《すもう》で、取り組みの前に必ず、「自分の頬《ほお》をパンパン叩く」という行為をする力士がいます。

ああいう行為も、その力士にとっては「ルーティン」といえるのでしょう。

つまり「頬を叩く」という行為によって、自分に気合いを入れ、「必ず勝つ」という信念を強めているのです。

また、力士によっては、取り組みの前には毎回、「腕を大きく広げて、深呼吸をする」というルーティンを持つ人もいます。

そんな力士も深呼吸をすることによって、勝ちたいという焦りを取り去ったり、緊張を和らげたり、負けたらどうしようという不安を和らげていると思います。

一般の人たちも、このようなルーティンを作ってもいいと思います。

たとえば、朝、家を出る前に「好きな音楽を聴く」ということをルーティンにするのです。

好きな音楽を聴きながら、「今日もがんばろう」と心の中で念じる……ということを日々の習慣にします。

そうすることで、たとえ「今日は何となく、やる気が出ないなあ」という日があったとしても、日々のルーティンとして好きな音楽を聴くだけで「やる気が出ない」という気持ちを打ち払い、自分に気合いを入れ直すことができるようになります。

ルーティンによって、ネガティブな感情をコントロールできる。

「落ち込んだ時には〜をして元気を出す」というルーティンを持つ

「落ち込んで元気を取り戻せない」という時には、一人でカラオケボックスに行って好きな歌を熱唱する、という人がいます。

歌うと、気持ちがスッキリして元気が出てくるのです。

この「落ち込んだ時には、歌を熱唱する」というのも、この人にとっては「ルーティン」の一つだといっていいでしょう。

また、ルーティンが持つ心理効果を期待しての行為だと思います。

このように「落ち込んだ時には〜をして元気を出す」というルーティンを作っておくことは、「心の免疫力」を強化する上で重要なことではないかと思います。

そのようなルーティンがあれば「落ち込んだ気持ち」を、いつまでも引きずることもないと思います。

上手に気持ちを切り替えて元気を取り戻し、ふたたび積極的に生きていけるようになるのです。

そういう意味で、落ち込んだ時の、自分なりのルーティンを作っておくのが得策です。

たとえば、

「落ち込んだ時には、好きなものをたくさん食べて気分転換する」

「嫌なことがあった時には、座禅会に参加して、すべてを忘れる」

「気持ちが滅入った時には、哲学書を読んで、自分の人生について見詰め直す」

といったようにです。

このような「ネガティブな気分を吹っ飛ばすルーティン」があることで、自分の心を上手にコントロールしていくことができます。

「元気を取り戻すルーティン」があれば、落ち込んだ気持ちを引きずらない。

「明るい色彩」は、その人の心も明るくしてくれる

イギリスの政治家にウィンストン・チャーチルがいます。

第二次世界大戦時のイギリスの首相だった人物です。

チャーチルは、油絵が趣味だったといいます。

そして、難しい政治問題に直面して思い悩んだ時には、油絵を描くことを習慣にしていたそうです。

それも、明るい色彩を中心に使って絵を描くのです。

きっと明るい色彩で絵を描くことで、自分の気持ちも明るくなってくるように思えたからでしょう。

実際に、この習慣によってチャーチルは上手に気分転換することができたというのです。

これがチャーチルにとっての「思い悩んだ時のルーティン」でもあったのです。

この事例のように「好きな趣味を持つ」ということも「心の免疫力」をアップするための有効な手段になります。

また、一方で、「色」が人間の心理に大きな影響力を持つこともよく知られています。

そういう意味で、チャーチルは、明るい色彩を使って絵を描いていたのでしょう。

ある女性は、嫌なことがあって悩ましい気持ちになった時には、意識して明るい色彩の洋服を着て外出するようにしているそうです。

明るい色彩の洋服を着ることで気持ちも明るくなり、嫌なことを忘れられるからです。

これが彼女の「心の免疫力」を高めるためのルーティンなのです。


気持ちが暗くなった時には、明るい色彩の洋服を着てみる。

チャンスの前には「良いイメージ」を思い描いてみる

プロ野球の世界で活躍した長嶋茂雄《ながしましげお》さんは、チャンスの場面では打席に立つ前に必ず、自分がこのチャンスを生かして大活躍している場面を頭の中でイメージしていたといいます。

たとえば、9回裏に自分がここでホームランを打てば、逆転サヨナラになる……という時には、実際にホームランを打って観客の歓声を浴びている場面を頭の中でイメージしました。

すると本当に、イメージしていた通りにホームランを打てた……ということも何度かあったといいます。

実は、心理学では、このように「良いイメージを描く」ということも、その人に良い結果をもたらす「ルーティン」の一つになると考えられています。

そういう意味では、一般の人たちも日常生活の中で、この「良いイメージを描く」というルーティンを習慣として取り入れてもいいと思います。

たとえば、朝、仕事に出かける前に、
・集中してバリバリ仕事をしている自分の姿をイメージする。
・取引先のために尽力して、取引先から感謝されている自分をイメージする。
・リーダーシップを発揮して、仕事仲間を引っ張っていく自分をイメージする。
こうした場面を頭の中で思い描くことを毎朝の習慣として持つのです。

このような習慣を持つことで、イメージ通りに積極的に仕事に取り組めるようになるのです。

さらに多少、難しい問題に直面して悩むことがあったとしても、それを精力的に乗り越えていけるようにもなります。


仕事に行く前に「活躍している自分」をイメージしてみる。

チャンスに対して消極的になると、せっかくのチャンスを逃す

大きなチャンスに挑戦しようという時は、人は誰でも強い緊張感を強いられます。

「ここで大活躍すれば、大きく展望が開ける」という期待感が膨らんでいく一方で、

「自分の実力でこのチャンスを摑《つか》むことができるのだろうか」

「ここで失敗したら、自分の評価はガタ落ちになる。もう終わりだ」

といった不安が胸をよぎるのです。

そして、その不安を上手にコントロールできずに悪い緊張ばかりが強まっていき、

「どうせ自分には、このチャンスをものにできないだろう」

などといったように気持ちが消極的になってしまいます。

しかし、チャンスに際して、消極的な気持ちになることは禁物です。

思想家である中村天風《なかむらてんぷう》は、こう述べました。

「心が消極的になったら、もう、健康はもちろん、運命もぜんぜん、ほころびてしまうんです」

この言葉にある「運命がほころびる」とは、まさに「せっかくのチャンスを逃してしまう」ということを意味しているのでしょう。

チャンスを摑むには、そのチャンスに向かって積極的に取り組んでいく必要があります。

では、どうすれば心を積極的な状態にできるのかといえば、まずはチャンスにともなって生じる「不安感」や「緊張感」といったものを自分で上手にコントロールすることが重要です。

そして、ネガティブな感情をコントロールする上で役立つのが、「良いイメージ」です。「チャンスを摑んで、みんなから称賛されている自分をイメージする」ことで、不安や緊張が取り払われ、チャンスに向かって積極的な気持ちになれるのです。

「良いイメージ」を持つことで、心が積極的になる。

「感謝する」ことで、心が積極的になる

「チャンスに弱い」といわれるタイプの人がいます。

このようなタイプの人は、チャンスにともなって生じる悪い意味での「不安」や「緊張」といった感情を上手にコントロールすることが苦手だ、というケースが多いようです。

不安や緊張に対して「心の免疫力」が弱く、そのようなネガティブな感情に振り回されて、自分が持っている実力を十分に発揮できないままに終わってしまうのです。

言い換えれば、チャンスというものに強くなるには、不安や緊張といった感情を上手にコントロールする方法を身につける必要があります。

そんな方法の一つに「感謝する」ということがあります。

これまでお世話になった人、今お世話になっている人に、感謝してみるのです。

・これまで自分を育ててくれた恩師に「ありがとう」と感謝する。

・自分を支えてくれている仕事仲間に「ありがとう」と感謝する。
・いつも応援してくれる家族たちに「ありがとう」と感謝する。

できれば、そんな感謝すべき相手の顔を思い浮かべながら、心の中で「ありがとう」と言ってみるのがいいでしょう。

心の中で「ありがとう」という言葉を繰り返すうちに、不思議に心が落ち着いてきます。

そして、「お世話になっている人のために、がんばろう」という積極的な気持ちが自然に湧き出してきます。

「感謝する」ということで、ネガティブな感情を上手にコントロールできるようになり、また「心の免疫力」が強化されます。

心が消極的になった時には、身近な人に感謝してみる。

「適度な運動」で「心の免疫力」を強化する

日常生活の中で「適度な運動をする」というルーティンを持つ人は、ネガティブな感情に対して「心の免疫力」が高い人だといえます。

適度な運動をすると、脳の前頭葉と呼ばれる部分が活性化されることが知られています。

また、この前頭葉という部分は、感情をコントロールする働きがあることがわかっています。

つまり、適度な運動をして、日常的に前頭葉を活性化させる習慣がある人は、日頃から「心配」「不安」「落ち込み」「悩み」「怒り」といったネガティブな感情を上手にコントロールして処理していく能力が高いのです。

ですから、どのようなことが起こっても平常心を保って対処できます。

また、難しい問題に対しても消極的になることなく、解決に向かって積極的に取り組んでいくことができます。

従って、日常生活の中で「適度な運動をする」というルーティンを持つようにすることでネガティブ感情が消えていきます。

たとえば、「スポーツクラブや運動系のサークルに入会して、仕事帰りに立ち寄って汗を流す」といったことでもいいと思います。

また、スポーツクラブに入会しなくても、「一日5000歩、歩く」ということを習慣にしてもいいと思います。

あるいは、「できるだけエレベーターやエスカレーターを使わずに、自力で階段を登るようにする」ということを心がけてもいいでしょう。

運動は体の免疫力を高めるばかりでなく、心の免疫力も強化します。

日常生活の中に「適度な運動」を取り入れる。

仏教の「八正道」で、「心の免疫力」を強化する

仏教に、「八正道《はっしょうどう》」という言葉があります。

この言葉は、「心から苦しみを取り除くための8つの正しい方法」を意味しています。

29歳で出家したブッダは、6年間の厳しい修行の末に瞑想をして悟りを得ました。

そして、自分が得た悟りとはどういうものかを説明するために、以前一緒に苦行していた5人の修行者に会いに行きます。

そして、その5人の修行者に、「あらゆる苦しみには原因がある。そして、その苦しみの原因を心から取り除くには8つの方法がある」と説きました。

その8つの方法とは、次のようなものです。

・正見《しょうけん》……人生について正しい見方をすること。

・正思《しょうし》……正しい考え方をすること。
・正語《しょうご》……正しい言葉を使うこと。
・正業《しょうごう》……正しい行いをすること。
・正命《しょうみょう》……正しい生活を送ること。
・正精進《しょうしょうじん》……正しい努力をすること。
・正念《しょうねん》……正しい考え方を求めること。
・正定《しょうじょう》……正しく精神統一をすること。

これが八正道ですが、これらのことは本書の中でも所々で解説しているものです。

このようなことを日常生活の中で実践していくことで、その人の心は「苦しみ」というものに対して強くなります。

また、これも上手に自分の感情をコントロールしていくコツにもなります。

日常生活の中で8つの「正しいこと」を実践していく。

第9章

プラスの言葉を使い、マイナスの言葉を手放す

ポジティブな言葉が「心の免疫力」を強化する

ネガティブな言葉は「心の免疫力」を低下させます。

反対に、ポジティブな言葉は「心の免疫力」を強化します。

思想家の中村天風《なかむらてんぷう》の言葉に、

「『暑いなぁ〜、やりきれないな』でなく『暑いなぁ〜、よけい元気がでるな』と言いなさい」

というものがあります。

「やりきれない」というのは、ネガティブな意味を持つ言葉です。

このようなネガティブな言葉を使うと「心の免疫力」が低下して、何もかもやりきれない思いになってくるのです。

「こんなに暑いのに、忙しい仕事に追われているなんて、やりきれない」

「暑くてしょうがないのに、やっかいな相談事をもちかけられて、やりきれない」

「この暑い中を外出しなければならない用件がある。やりきれない」

と、何だか「生きていること自体が、やりきれない」という気持ちになっていくのです。

これでは、生きていて楽しくないと思います。

一方で、「元気が出る」というのはポジティブな意味を持つ言葉です。

このようなポジティブな言葉を口にしてこそ、「心の免疫力」が高まって、うだるような暑さに打ち勝つことができます。

そして「忙しい仕事」「やっかいな相談事」「外出する用件」などに対しても積極的に、前向きに立ち向かっていけるのです。

そのほうが生きていて、より楽しくなると思います。


ネガティブな言葉で「やりきれない気持ち」が増していく。

ポジティブな言葉が、その人の人生に勝利をもたらす

思想家の中村天風は、

「言葉には人生を左右する力があるんです。この自覚こそが人生を勝利にみちびく、最良の武器なんですよ」

と述べました。

たしかに、言葉には「力」があります。

つまり、言葉には、その言葉を使う人への精神面への強い影響力があるのです。

ただし、その言葉は「良い影響力」を与える場合もありますし、時には「悪い影響力」をもたらしてしまう場合もあります。

では、良い影響力をもたらす言葉とはどんなものかといえば、それはポジティブで前向

きな言葉です。

一方で、悪い影響力をもたらす言葉とは、ネガティブで後ろ向きな言葉です。

ポジティブな言葉を使うか、ネガティブな言葉を使うかで、その人の人生は左右されてしまうのです。

つまり、言葉は、人の人生に大きな影響を与えられる、ということです。

もちろん天風は、ポジティブで積極的な言葉をより多く使うことが大切だ、という主張を持っていました。

ポジティブな言葉が、「人生を勝利にみちびく、最良の武器」になるからです。

ポジティブな言葉を使うことで、その人の心は活気づきます。

「心の免疫力」が強化され、困難な壁にぶつかっても、弱気になることなく、強気でその壁を乗り越えていけるようになります。

従って、ポジティブな言葉は、生きる上での「最良の武器」になるのです。

ネガティブな言葉は、その人の人生を衰退に導く。

ネガティブな言葉が、その人の行動面にも影響を与える

言葉は、その人の行動面にも強い影響力を持つことがわかっています。

心理学に興味深い実験があります。

アメリカの学生を対象にして、次のような実験が行われました。

学生をA、Bという2つのグループに分けて、リストにある単語を用いて短い文章を作ってもらったのです。

Aグループの単語リストには「老い」「体力がなくなった」「もうろく」「孤独」「忘れっぽい」「シワ」といったような、いかにも高齢者を連想させるような言葉が掲載されていました。

一方、Bグループの単語リストには、高齢者を連想させるような言葉は含まれていませ

ん。

さて、文章を書き終えた後、学生は実験会場を出て、エレベーターまで約10メートルの距離を歩いていきます。

実験者は、その10メートルの移動時間を測定したのです。

その結果、Aグループの移動時間は、Bグループの移動時間よりも1〜2秒ほど長くかかった、というのです。

つまり、これは、「老い」「体力がなくなった」といった高齢者を連想させる言葉がAグループの学生たちに影響して、動作がノロノロとしたものになった、ということが考えられるのです。

このようにして「言葉」というものは、その人の行動面に影響します。

もし何事にも積極的に取り組み、ハツラツと生きていきたいのであれば、ネガティブな言葉はなるべく使わないほうがいいでしょう。

高齢者を連想させる言葉が、その人の行動をノロノロしたものにする。

「年寄り臭い言葉」が、その人をいっそう老けさせることになる

いつまでも若々しくいたい、と願っている人もいると思います。

そう願うのであれば「年寄り臭い言い方をしない」ように心がけることが大切です。

たとえば、

「私は、もう年だから」

「もう若くないからなあ」

「年のせいか、忘れっぽくて」

「この年齢だから、体力はないよ」

といった言い方です。

ある程度の年齢になると、つい口から出てしまう言い方かもしれませんが、このような

「年寄り臭い言い方」をすることが、いっそう老け込んでしまう原因になりかねません。

つまり、「年寄り臭い言い方」が、「老い」というものに対する「心の免疫力」を弱めてしまうのです。

そのために精神的に老け込んでいき、何をするにも消極的な気持ちになってしまうのです。

ですから、「老い」に対する「心の免疫力」を高める言葉を積極的に使っていくほうが若さを保つためには有効でしょう。

「私はまだまだ若い」

「年を経るたびに、若返っていくようだ」

といった言い方です。

「若々しい言い方」を心がけることで、心身の若々しさを保っていけます。

「若々しい言い方」が、その人を若返らせていく。

「疲れた」という一言で、心がますます疲れていく

「ああ疲れた」という言葉を口にしてしまう人がいます。

そのように言う人は、たしかに疲労困憊《こんぱい》しているのでしょう。

忙しい仕事に追われたり、人間関係に疲れきって、本当にくたびれていると思います。

しかし、「疲れた」という言葉を口にすると、それが精神面に悪い影響を与えます。

「疲労」というものへの「心の免疫力」が低下して、かえっていっそう疲労感が増してしまうことになります。

作家だった藤本《ふじもと》義一《ぎいち》は、「疲れた」「しんどい」は禁句、そんなことを言っても何の役にも立たない、と述べました。

当時は、彼は本業の作家活動を始め、テレビ番組の司会者などでも人気を集め、超多忙

な日々を送っていました。

心身ともに疲労感があったと思います。

しかし「疲れた」「しんどい」という言葉はけっして口にしませんでした。

そんな言葉は「何の役にも立たない」とわかっていたからです。

そういう意味では、疲れた時こそ、むしろ、「心の免疫力」をアップさせるような言葉を口にするように心がけるほうがいいと思います。

たとえば、

「もうひと踏ん張りだ。がんばろう」

「先が見えてきた。元気が出てきた」

といった言葉です。

そのようなポジティブな言葉を口にすることで、疲労感が吹き飛びます。


疲れた時こそ「元気な言葉」を口にする。

ポジティブな「公表効果」で、闘志がさらに増す

心理学に「公表効果」という言葉があります。

みんなの前で自分の思いや考え、あるいは目標などを言います。

つまり他人に向かって「公表する」のです。

心の中で思っているよりも、このように「公表する」ことで、その人自身はいっそう強く「その気」になります。

そのような心理効果を「公表効果」といいます。

たとえば、「新年の抱負」です。

新年に家族たちを前にして、「私は今年、フルマラソンに挑戦します。42・195キロを完走することを約束します」という抱負を述べます。

そのように、いわば「公表する」ことによって、その本人がいっそう「やってやるぞ」という闘志をかき立てられるのです。

ただし、この「公表効果」は、悪い方向に働く場合もあるので注意が必要です。

たとえば、仕事で窮地に陥ったとします。

そんな時に、同僚たちに向かって、「これはもう望みなしだね」と言うのです。

「望みなし」というのは、ある意味、その人のホンネなのかもしれません。

しかし、そんなホンネをみんなの前で公表してしまうことで、いっそう職場内が絶望的な気持ちになってきます。

ここでは、ホンネでは悲観的であっても、みんなの前では「まだ望みはあるよ。力を合わせて、がんばろうよ」といった前向きな意志を公表するほうが賢明です。

前向きな言葉を公表することで、悲観主義への「心の免疫力」が働いて、自分自身「どうにかなるんじゃないか」と、気持ちがポジティブになってくるからです。


ネガティブな「公表効果」で、気持ちが消極的になる。

願望や決意を持ったら、身近な人に打ち明けてみる

「抱負」という言葉があります。

この言葉には、「心の中に抱いている願望や決意」といった意味があります。

このような抱負は、自分の心の中にしまっておくよりも、支持してくれる親しい人に打ち明けたほうがいいと思います。

たとえば信頼できる友人や家族などに、「私はこういうことを成し遂げたいと考えている」と打ち明けます。

「打ち明ける」ことで、自分自身の思いがいっそう強くなります。

「心の免疫力」も強まって、困難な事態に直面することがあっても、「どうにかして乗り越える」という積極的な気持ちが働くのです。

ところで「抱負」という言葉は、どうして「負《ま》けを抱く」と書くのでしょうか。

実は、「抱負」の「負」は「負け」ではなく「負《お》う」ということを意味しています。

「背負う」という言い方もありますが、つまり、「背中に背負う」のです。

「抱負」とは、従って、「胸に抱き、背中に背負う」ということなのです。

では何を胸に抱き、背中に背負うのかといえば、それはいうまでもなく「願望や決意」です。

願望や決意を「胸に抱き、さらに背中にも背負う」ということは、「それだけ強い思いを持つ」ということを意味しています。

そして、そんな強い思いを、さらに強化する方法が「味方になってくれる人に自分の抱負を打ち明ける」ということになるのです。

ただし、味方になってくれない人に打ち明けると、逆効果になるので注意が必要です。


人に打ち明けることで、達成意欲が増す。

「感情の言葉」を、ポジティブな「意志の言葉」に言い換える

人が口にする言葉には、次の2種類があると思います。

・「感情の言葉」
・「意志の言葉」

一般的に、前者の「感情の言葉」はネガティブな意味を帯びる傾向があるようです。

たとえば、取引先から難しい仕事を依頼されます。

そんな時に、周りにいる職場の同僚たちに向かって、「これじゃあ、やってられないよ」といった言葉を口にしてしまいます。

この「やってられない」などは、まさに「感情から出た言葉」なのでしょう。

この他にも、「面倒臭い」「嫌になる」といった言葉も、やはり「感情から出た言葉」で

す。

「感情の言葉」というのは、このようにネガティブなものになりやすいのです。

しかし、このようなネガティブな「感情の言葉」を口にすると「心の免疫力」が低下して、自分自身に悪い影響を与えかねませんので注意が必要です。

そのようなネガティブな「感情の言葉」が口に出そうになった時には、それをポジティブな「意志の言葉」に置き換えて話すことが大切です。

たとえば、「自分を信頼しているからこそ、難しい仕事を依頼してくれるんだ。取引先の信頼に応えるために、がんばろう」というようにです。

この「信頼に応えたい」「がんばろう」というのは、その人の「意志の言葉」です。

このように「意志の言葉」は一般的に、ポジティブなものなのです。

そして、このような「意志の言葉」を使うことで「心の免疫力」も高まります。

「感情の言葉」は一般的にネガティブなものになりやすい。

他人のネガティブな言葉は、軽く受け流してもいい

人は「他人から言われる言葉」によっても強い影響力を受けます。

それが「あなたを信頼しているから、がんばって」といった励ましの言葉であればいいのです。

良い影響を受けて、元気が出てきます。

「心の免疫力」が高まって、たとえ困難なことであっても、「自分を励ましてくれる人のために、大いにがんばろう」と、自分を奮《ふる》い立たせることもできます。

しかし、他人というものは、自分を励ますようなことを言ってくれるとは限りません。

中には、たとえば、

「どうせ、あなたには無理でしょう」

「あまり期待はしていないから、やめたら」

といった言い方をしてくる人がいます。

残念ながら人は、他人から発せられる、このようなネガティブな言葉にも影響を受けてしまいます。

他人の言葉によって「心の免疫力」が低下して、ちょっと難しい問題に直面すると「どうせ自分には無理だから」と物事を投げ出してしまうことにもなるのです。

そういう意味では、たとえ誰かから「あなたには無理だ」といった否定的なことを言われたとしても、あまり真剣に受け止めないほうがいいでしょう。

耳を貸さずに、受け流してしまってもいいのです。

そうすれば、他人のネガティブな言葉に悪い影響を受けて「心の免疫力」を低下させることもないと思います。

ネガティブな言葉は、真剣に受け止めないほうがいい。

「建設的な意見」だけを、しっかりと受け止める

牧師のジョセフ・マーフィーは、他人の意見を聞く時は建設的な意見にだけ耳を傾ける、建設的ではない意見の場合は聞き流してしまえばいい、と述べました。

この言葉にある「建設的な意見」とは、たとえば、「こちらの目標を達成するための適切なアドバイス」です。

あるいは、「君ならできると信じている。だから、がんばれ」といった前向きな励ましの言葉です。

このような「建設的な意見」は、自分の意欲を高めてくれます。

「心の免疫力」も強化してくれて、「どんなことがあっても消極的になることなく、積極的にそれを乗り越えていく」という闘志を高めてくれるのです。

一方で、「建設的ではない意見」とは、

「あなたには、どうせ成功できるはずがない」

「どうせ途中であきらめてしまうことになるんじゃないか」

「そんなこと、やめるべきだ」

といったネガティブな意見です。

このような意見は、目標を達成するためには何の役にも立ちません。

むしろ、自分の自信を失わせるだけの意見です。

「心の免疫力」を低下させ、やる気や忍耐力を奪ってしまう意見なのです。

このようなネガティブな意見は、「聞き流してしまえばいい」と、マーフィーはこの言葉で指摘しているのです。

真剣に受け止めることなく聞き流すことで、「心の免疫力」の低下を防げます。


「建設的ではない意見」は、聞き流せばいい。

他人への怒りや恨みを捨てるのが、自分自身のためになる

他人から言われる「悪口」も、人にマイナスの影響を与えます。

ある男性は職場で、同僚の一人から悪口を言われた経験があります。

その時、彼は非常に腹立たしく思い、その同僚に言い返しました。

すると、その同僚は、さらにひどい言葉で彼の悪口を言いました。

その結果、悪口の応酬がますます激しくなってしまったのです。

その後も彼は、その同僚を恨み、腹立たしい気持ちは、いつまでも収まりませんでした。

しかし、その怒りや恨みの感情が強いストレスになって、体調を崩してしまったのです。

実は、怒りや恨みといった感情は、このように自分自身に悪い影響を及ぼしてしまうこともあるのです。

仏教の創始者であるブッダは、こう述べました。

「怒りや恨みという感情は、誰かに投げつけてやろうと熱い石炭を摑《つか》むようなものである。その結果、火傷《やけど》するのは自分自身だ」

この言葉にある「誰かに投げつけてやろうと熱い石炭を摑む」とは、つまり、「悪口を言ってきた相手などに、ひどい言葉で言い返す」ということです。

そうやって悪口の言い合いを続けていけば、結局は、「火傷するのは自分自身だ」とブッダは指摘するのです。

言い合いを続けていれば、「自分自身がかえって苦しむことになる」ということを指摘しています。

そこでブッダは、「怒りや恨みを捨てる」ように勧めます。

悪口を言われても無視してやり過ごし、それよりも自分が今すべきことに専念していくほうが賢明だ、とブッダは説くのです。

怒りや恨みという感情は、その本人に強いストレスになる。

悪口を言われても、「悪口を受け取らない」ことを心がける

仏教に次のようなエピソードがあります。

古代インドで、ブッダの考えとは異なる宗教の指導者がいました。

彼は、ブッダが率いている仏教教団がどんどん勢力を増していくのを不愉快に思っていました。

ある日、彼が暮らしていた村に、ブッダたちが説教にやって来たのです。

彼は、大勢の人たちがいる前で、ブッダの悪口を言ってやろう、と思いつきました。

そこでブッダが説教をしている所へ行ったのです。

そこにはブッダの話を聞くために大勢の人たちが集まっていました。

彼は、ブッダに恥をかかせてやろうと、みんなの前でブッダの悪口を言い始めたのです。

しかし、ブッダはまったく意に介することなく、彼の悪口を無視しています。

無視された彼は腹立たしく思い、さらにいっそう激しくブッダの悪口を言い立てます。

しかし、それでもブッダは、彼の悪口を無視し続けました。

彼はカッとなって、ブッダへ向かってツバを吐きかけました。

その時、彼に向かって風が吹き、風に押し戻されたツバは彼の顔にかかったのです。

それを見たブッダは、言いました。

「悪口を言われても、それを受け取らなければ、その悪口は言った本人に返っていく」

つまり、「誰かの悪口を言えば、災いを受けるのは、実は、悪口を言うその本人である」ということです。

また、悪口を言われても、それを「受け取らない」、つまり「ムキになって言い返したりせずに、無視している」ということが、悪口に対する「心の免疫力」を強化してくれる、ということなのです。


災いは、悪口を言ったその本人に返っていく。

第 6 章

・永六輔『沈黙は金曜日』飛鳥新社、1998年

・藤堂明保・加納喜光（編）『学研新漢和大字典』学習研究社、1978年

・中村天風（述）、財団法人 天風会（監修）『君に成功を贈る』日本経営合理化協会出版局、2001年

・財団法人 天風会（編）『中村天風一日一話』PHP研究所、2005年

第 7 章

・財団法人 天風会（編）『中村天風一日一話』PHP研究所、2005年

・金谷治（訳注）『新訂　孫子』岩波文庫、2000年

第 8 章

・「セルフコントロール力は健康的な人生の鍵」
『日経BP　Beyond Health』2021年1月22日付
https://project.nikkeibp.co.jp/behealth/atcl/news/overseas/00060/

・ポール・タフ（著）、高山真由美（訳）『成功する子 失敗する子』英治出版、2013年

・中村天風（著）、財団法人 天風会（監修・構成）
『心が強くなる言葉』イースト・プレス、2004年

・「ランニングで快適に認知機能向上」『NEWSつくば』2021年11月28日付
https://newstsukuba.jp/35382/28/11/

・国立研究開発法人 国立長寿医療研究センター
「【認知症予防】動くことは脳を鍛えること」
https://www.ncgg.go.jp/ri/advice/13.html

第 9 章

・中村天風（著）、財団法人 天風会（監修・構成）
『心が強くなる言葉』イースト・プレス、2004年

・Bargh, J. A., Chen, M., & Burrows, L.(1996). Automaticity of social behavior: Direct effects of trait construct and stereotype activation on action. *Journal of Personality and Social Psychology*, 71(2), 230–244.

参考資料

はじめに

・正岡子規『病牀六尺』岩波文庫、2022年

第1章

・青梅市吉川英治記念館 所蔵資料
・昇幹夫「笑いの医学的考察」『笑い学研究』1巻、1994年
・財団法人 天風会（編）『中村天風一日一話』PHP研究所、2005年
・渋沢栄一（著）、渋沢青淵記念財団 竜門社（編）『渋沢栄一訓言集』国書刊行会、1986年

第2章

・斎藤茂太『よい言葉は心のサプリメント』二見文庫、2006年
・財団法人 天風会（編）『中村天風一日一話』PHP研究所、2005年
・池田光『中村天風　怒らない 恐れない 悲しまない』三笠書房 知的生きかた文庫、2010年
・L・M・モンゴメリ（著）、松本侑子（訳）『赤毛のアン』集英社、1993年

第4章

・藤堂明保・加納喜光（編）『学研新漢和大字典』学習研究社、1978年
・坂村真民記念館ホームページ「所蔵作品紹介　色紙『咲くも無心』」
https://www.shinmin-museum.jp/work/876/

第5章

・碓井真史「心配性と不安の正体」『YAHOO!ニュース』2013年7月4日付
https://news.yahoo.co.jp/byline/usuimafumi/20130704-00026186
・瀬戸内寂聴「今日を生きるための言葉　第982回」
『ニッポン放送NEWS ONLINE』2019年4月21日付
https://news.1242.com/article/173307
・藤井英雄『怒りにとらわれないマインドフルネス』大和書房、2019年
・厚生労働省「eJIM　瞑想とマインドフルネスについて知っておくべき8つのこと」
https://www.ejim.ncgg.go.jp/pro/communication/c03/34.html

植西 聰

（うえにし・あきら）

東京都出身。著述家。学習院高等科・同大学卒業後、資生堂に勤務。独立後、人生論の研究に従事。独自の『成心学』理論を確立し、心を元気づける著述活動を開始。1995年、「産業カウンセラー」（労働大臣認定資格）を取得。主な著書に、『「折れない心」をつくるたった1つの習慣』（青春出版社 プレイブックス）、『平常心のコツ』（自由国民社）、『「いいこと」がいっぱい起こる！ ブッダの言葉』（三笠書房 王様文庫）、『マーフィーの恋愛成功法則』（扶桑社文庫）、『ヘタな人生論よりイソップ物語』（河出文庫）、『「カチン」ときたときのとっさの対処術』（ベストセラーズ ワニ文庫）、『運がよくなる100の法則』（集英社文庫）、『願いを9割実現するマーフィーの法則』（KADOKAWA）、『幸福力のコツ』（自由国民社）、『50歳からのやる気のツボ』（秀和システム）など多数。

心の免疫力

人生を「平気で生きる」コツ

2023年8月5日　初版第1刷発行

著　者　植西 聰
発行者　池田圭子
発行所　笠間書院

〒101-0064　東京都千代田区神田猿楽町2-2-3
電話 03-3295-1331　FAX 03-3294-0996

ISBN 978-4-305-70990-5

装幀・デザイン／静野あゆみ
本文組版／キャップス
印刷・製本／大日本印刷

https://kasamashoin.jp